仡佬族是一个拥有悠久历史和灿烂文化的古老民族，其先民自古以来就广泛活动在整个西南地区，曾在云贵高原这片广袤的土地上留下了开荒拓土的不朽功绩，随后逐步分化、重组，其中一部分逐渐形成了仡佬族这一单一民族。

国家出版基金项目

走近中国少数民族丛书

主　编/丹珠昂奔

仡佬族

Gelaozu

周小艺　著

辽宁民族出版社

图书在版编目（CIP）数据

仡佬族 / 周小艺著. —沈阳：辽宁民族出版社，2014. 12
（走近中国少数民族丛书 / 丹珠昂奔主编）
ISBN 978-7-5497-0951-9

Ⅰ. ①仡… Ⅱ. ①周… Ⅲ. ①仡佬族—民族历史—中国 ②仡佬族—民族文化—中国 Ⅳ. ①K287.1

中国版本图书馆CIP数据核字（2014）第310768号

走近中国少数民族丛书·仡佬族
ZOUJIN ZHONGGUO SHAOSHUMINZU CONGSHU·GELAOZU

丛书策划 / 李凤山

出版发行者：辽宁民族出版社
地　　址：沈阳市和平区十一纬路25号　邮编：110003
印 刷 者：沈阳市北陵印刷厂有限公司
幅面尺寸：170mm×240mm
印　　张：10.25
字　　数：150千字
出版时间：2014年12月第1版
印刷时间：2014年12月第1次印刷
责任编辑：李凤山　吴昕阳　李　璜
封面设计：杜　江
责任印制：杨　雪
责任校对：边京爱　林　华

标准书号：ISBN 978-7-5497-0951-9
定　　价：38.00元

法律顾问：陈　光

网　　址：www.lnmzcbs.com
举报电话：024-23284336
邮购电话：024-23284335
联系电话：024-23284340
淘宝网店：lnmz2013.taobao.com

《走近中国少数民族丛书》编辑委员会

《走近中国少数民族丛书》作者名录

《蒙古族》 萨仁图娅（蒙古族）
《回族》 许宪隆（回族） 张龙（汉族）
《藏族》 丹珠昂奔（藏族）
《维吾尔族》 艾克拜尔·吾拉木（维吾尔族）
买力克·买买提（维吾尔族）
伊利迪尔（维吾尔族）
《苗族》 石莉芸（苗族） 李云兵（苗族）
《彝族》 陈国光（彝族）
《壮族》 黄佩华（壮族）
《布依族》 周国炎（布依族）
《朝鲜族》 黄有福（朝鲜族）
《满族》 于今（满族）
《侗族》 杨筑慧（侗族）
《瑶族》 玉时阶（壮族）
《白族》 董建中（白族）
《土家族》 罗中（土家族） 罗午（土家族）
《哈尼族》 朱志民（哈尼族） 李泽然（哈尼族）
《哈萨克族》 艾克拜尔·米吉提（哈萨克族）
伊拉达·拉音别克（哈萨克族）
《傣族》 赵瑛（傣族）
《黎族》 罗文雄（黎族）
《傈僳族》 鲁建彪（傈僳族） 欧光明（傈僳族）
《佤族》 郭锐（佤族）
《畲族》 钟亮（畲族）
《台湾少数民族》 林华（台湾少数民族）
《拉祜族》 苏翠薇（拉祜族）
《水族》 韦学纯（水族）
《东乡族》 马兆熙（东乡族） 马自祥（东乡族）
《纳西族》 白庚胜（纳西族） 孙淑玲（汉族）
白羲（纳西族）
《景颇族》 金黎燕（景颇族）
《柯尔克孜族》 阿地里·居玛吐尔地（柯尔克孜族）
《土族》 祁进玉（土族） 东永学（土族）
《达斡尔族》 毅松（达斡尔族）
《仫佬族》 黎学锐（仫佬族） 黎炼（仫佬族）
《羌族》 雍继荣（羌族） 罗吉华（羌族）
周发成（羌族）
《布朗族》 陶玉明（布朗族）
《撒拉族》 马成俊（撒拉族） 马建新（撒拉族）
《毛南族》 韩德明（汉族）
《仡佬族》 周小艺（仡佬族）
《锡伯族》 阿苏（锡伯族） 盛丰田（锡伯族）
何荣伟（锡伯族）
《阿昌族》 们发延（阿昌族） 张斯齐（蒙古族）
《普米族》 朱凌飞（汉族） 杨周明（普米族）
《塔吉克族》 西仁·库尔班（塔吉克族）
阿力木江·西仁（塔吉克族）
《怒族》 李月英（傈僳族） 张芮婕（傈僳族）
《乌孜别克族》 吾尔买提江·阿布都热合曼（乌孜别克族）
《俄罗斯族》 乃珂热曼·依布拉音（塔吉克族）
《鄂温克族》 黄任远（汉族） 那晓波（鄂温克族）
《德昂族》 袁丽华（汉族） 王燕（汉族）
《保安族》 马少青（保安族）
《裕固族》 董潇红（裕固族） 王政德（藏族）
《京族》 吕俊彪（汉族）
《塔塔尔族》 卡米力·库尔马尤夫（塔塔尔族）
《独龙族》 李金明（独龙族）
《鄂伦春族》 王为华（汉族）
《赫哲族》 黄任远（汉族）
《门巴族》 陈立明（汉族） 张媛（汉族）
《珞巴族》 陈立明（汉族） 李锦萍（汉族）
《基诺族》 朱映占（汉族）

总序

中国是一个统一的多民族国家，几千年来，有着悠久历史和灿烂文化的少数民族，与汉族一道，在中华大地上繁衍生息，共同开发着这块土地，建设、发展、捍卫着这个古老而伟大的国家。各民族都是兄弟，相互离不开，都是这个国家的主人。习近平总书记在第二次中央新疆工作座谈会上发表重要讲话，指出："要坚定不移坚持党的民族政策、坚持民族区域自治制度。民族团结是各族人民的生命线。要高举各民族大团结的旗帜，在各民族中牢固树立国家意识、公民意识、中华民族共同体意识，最大限度团结依靠各族群众，使每个民族、每个公民都为实现中华民族伟大复兴的中国梦贡献力量，共享祖国繁荣发展的成果。各民族要相互了解、相互尊重、相互包容、相互欣赏、相互学习、相互帮助，像石榴籽那样紧紧抱在一起。要在各族群众中牢固树立正确的祖国观、民族观，弘扬社会主义核心价值体系和社会主义核心价值观，增强各族群众对伟大祖国的认同、对中华民族的认同、对中华文化的认同、对中国特色社会主义道路的认同。"因此，坚持平等、团结、互助、和谐的社会主义民族关系，不断增进了解、紧密关系，深化友谊、建立牢不可破的感情基础，是中国社会转型期、改革攻坚期、矛盾多发期保持社会稳定、发展的基本要求，也是实现中华民族伟大复兴的中国梦的基本要求。

为了进一步宣传我国少数民族的历史文化和民族风情，增强对少数民族的认识，宣传党的民族政策和方针，加强各民族之间的了解与沟通，让读者了解少数民族文化，加深对我党民族政策的理解，中华人民共和国国家民族事务委员会文化宣传司和辽宁民族出版社共同策划了《走近中国少数民族丛书》。

依据上述原则，《走近中国少数民族丛书》的编写有以下三个特点：第一，采用图文并茂的形式、鲜活生动的语言、特色浓郁的图片以及丰富的民族常识链接，向读者展示我国55个少数民族的历史渊源、民族变迁、社会生活、文化艺术、风俗习惯、历史人物和民族区域自治政策的伟大实践。第二，作者多为本民族专家学者和与民族研究工作相关的专家学者，对自己撰述的对象既有深厚知识积累，也有真挚情感。第三，内容彰显了历史与现实、民族文化与地域文化、民族区域自治地方与散杂居地区少数民族生产生活的多彩画卷和轨迹，引导读者走近少数民族，聆听他们的古老传说，感受他们的发展变化，加深彼此的沟通和了解。这套《走近中国少数民族丛书》是面向民族干部和各级干部通览我国少数民族概况的普及读本，也是图书馆必备藏书。

《走近中国少数民族丛书》所揭示的每一个民族的历史，都承载着这个民族的文化，也承载着这个民族的发展和未来。中华大地孕育的55个少数民族多彩斑斓的民族文化，同汉族文化一道从远古走到今天，汇入了中华文化壮阔的历史长河。“共同团结奋斗，共同繁荣发展”，保护、传承和弘扬少数民族优秀文化，不仅是推动我国民族团结进步事业的重要内容，也是构建和谐社会、实现中华民族伟大复兴的中国梦的重要使命。期待通过《走近中国少数民族丛书》，使广大读者徜徉于少数民族多彩风情的同时，更加深刻地了解和认知中华民族多元一体的文化内涵，感受中华民族悠悠历史的深远与厚重。

丹珠昂奔

2014年6月26日

前言

仡佬族 西南地区的“地盘业主”

仡佬族是一个拥有悠久历史和灿烂文化的古老民族，其先民自古以来就广泛活动在整个西南地区，留下了开荒拓土的不朽功绩，随后逐步分化、重组，其中一部分逐渐形成了仡佬族这一单一民族。仡佬族先民濮人曾在云贵高原这片广袤的土地上建立起强大的部落联盟和早期奴隶制国家，大多数人认为他们是古夜郎国的主体民族，建立了古夜郎国以及周围的一系列小邦国，并在此时达到鼎盛。然而在漫长的历史进程中，历经战乱和动荡，这一强大的族群逐渐变得支离破碎，星星点点散落居住在今天贵州北部、云南东部和广西西北部地区，形成“大杂居、小聚居”的分布格局。遗憾的是，从濮人中分化演变而来的仡佬族再也无法重现其先民的繁盛，随着汉族的不断进入，仡佬族逐渐成为在夹缝中求生存的少数群体，尤其是明朝以来，汉人的强大力量极大改变了仡佬族地区的民族分布格局，以至于清末民国年间，仡佬族一度被滚滚历史洪流吞噬，逐渐淡出了人们的视线，直到新中国建立后进行民族识别，仡佬族才重新得以恢复和重建。今天许多人提到仡佬族，总感觉陌生，即使有人能够想到打牙习俗、吃新节等与之有关的文化内容，也往往归其于历史与记忆之中。

在经济高速发展、社会日新月异的今天，加速了仡佬族人与周边汉族和其他民族的交往和融合，人们不免为这个在历史中“消瘦”的古老民族产生更多的担忧。事实上，我们看到，仡佬族面临严峻挑战的同时也迎来新的发展机遇，一个民族的记忆是很难消亡的，仡佬族在漫长的历史岁月中形成了独特的思维模式和文化形式，至今仍然影响着仡佬族人的生产生活；仡佬族地区的许多现实发展问题，也与其历史文化背景、社会变迁轨迹紧密相关；其丰富的文化内容在人们日常的生产生活中依然处处见其踪影。经济全球化和现代性并不会必然导致传统的终结。人们往往忽视了一点，在那些具有所谓“活化石”意义的少数民族传统文化大量流失消亡的同时，相当一部分仡佬族人正在自觉或不自觉地进行着传统文化的重构。

本书分为八个章节，主要描述了仡佬族的历史文化特征，旨在为大家追忆仡佬族的过去、认识仡佬族的现在、展望仡佬族的未来提供一些线索。

首先从族源的讨论开始走近这个民族。作为西南“古老户”“地盘业主”的仡佬族，曾经是夜郎国的大王族，她的历史辉煌而神秘，人们对其起源和夜郎国展开了丰富的联想和积极的探索，基本确定仡佬族是由濮人到僚人演变而来。而关于仡佬族的神话传说、民间故事留给我们许多关于这个民族的宝贵记忆，对语言文字的整理研究也有了更新的成果，越来越多的人们开始关注、保护和传承。

第二章着重探讨仡佬族悠久而坎坷的历史。仡佬族很早就深受汉族以及周围民族强势文化的影响，并且饱经战乱和强权压迫，或遭受杀戮，或融入他族，或隐没于崇山峻岭之间，传统文化也更多地遭到历史车轮的碾压而支离破碎。今天我们要重新认识仡佬族，需要重启历史的大门，回溯他们走过的岁月长河，探寻他们的足迹。

第三章通过介绍仡佬族人的生活方式，让我们对仡佬族有更直观和生动的了解。作为祖祖辈辈生活在崇山峻岭间的仡佬族，其生产生活、饮食起居、交通往来、风俗习惯无不展现出山地民族的特征，同时也造就了仡佬族人坚忍不拔、勇于开拓、勤劳质朴的大山性格。

第四章带领大家从几个不同的角度去审视仡佬族人独具代表性的传统文化。文化是一个民族的灵魂。作为一个历史悠久的民族，仡佬族的传统文化是厚重而丰富的，特殊的地理区位和历史背景使仡佬族主要聚居区自古以来就是汉文化通向贵州的门户，受汉文化影响的程度很深，但又以不同的形式保留和传承着自己的一些传统。仡佬族崇尚教育，有极深厚的国学教育渊源，较为完整地保留了傩戏与傩文化这一戏剧中的“活化石”。此外还有独特的民间医药文化、传统手工艺以及别开生面的传统体育活动，比如“打竹绣球”、高台舞狮等，保存至今，并得到了较好的继承和发扬。

第五章着重介绍了仡佬族的风俗习惯。比如“茶三酒四烟八杆”，展现了仡佬族人的朴实无华和热情好客。而仡佬族的古老丧葬习俗十分丰富且寓意深刻，极具代表性。独特的婚嫁习俗如打牙、哭嫁等也常常引起人们的广泛关注。当然许多古老的传统习俗如今已不复存在，比如打牙习俗、古老的葬俗等，成为仡佬族珍贵的文化记忆尘封在历史当中。

第六章介绍了仡佬族的多神崇拜与宗教信仰。仡佬族的宗教信仰同其他许多民族一样，是从古老的原始信仰传承而来。仡佬族人信仰多神，崇尚万物有灵，这种信仰与崇拜体现在他们日常生产生活中的方方面面，具有十分朴实和务实的特点。

第七章旨在对仡佬族文化的恢复和复兴进行梳理和分析，解答一个活在当下的仡佬族，关注点集中在今遵义一带。这一区域自古以来便是仡佬族及其先民活动的地区，也是目前仡佬族人口最多、分布比较集中的地区，拥有全国仅有的两个以仡佬族命名的自治县及多个仡佬族乡，是仡佬族的大本营，在今天也担负着重建和复兴仡佬族传统文化的重任，无论官方还是民间都为此不懈努力，积累了宝贵的经验，通过强化共同的血缘地缘关系、历史记忆和信仰，增强传统文化的感染力和民族自信心，深化民族认同。

第八章介绍了仡佬族的重要人物，他们是仡佬族人的骄傲和榜样。

近年来，民族传统文化普遍以“复兴”“再造”为总体特征，民族文化复兴与重构相应地呈现出多元化的发展态势。在国家力量的关注和政策扶持下，部分流失或消失的文化内容逐渐恢复并得到传承，如仡佬族传统的吃新节、祭天朝祖大典活动等；一部分仍然适用于当前村民们的生产生活方式的内容，也不断得到再创造和再建构，在日常生产生活中传承和发展，如仡佬族的部分传统生计方式、饮食习惯、娱乐活动等；还有部分传统文化随着社会的不断进步而逐渐丧失了生存的社会根基，失去再建构的意义而逐步走向衰落。

克莱德·伍兹称：“变迁在整个社会文化系统中是恒定的，虽然变迁的速度及其表现形式因具体情况不同而存在着极大的差异。”“一方面变迁中必然有某种文化传统的连续性，否则就是文化的断裂或消亡；另一方面在传统的连续中必然发生变迁，否则这种文化也由于无法应付环境的挑战而窒息了自身的生命力。”仡佬族以及仡佬族文化始终处于变化和发展过程之中，我们不仅需要用历史的眼光来探寻仡佬族文化，也需要用发展的眼光去看待，仡佬族及其文化的发展前景值得我们共同期待。

目录

总序 …… 001

前言 …… 003

第一章　西南“古老户” …… 009

从百濮中走来 …… 010

追忆神秘夜郎国 …… 011

关于仡佬族起源的神话传说 …… 014

仡佬族族称的来历 …… 016

仡佬族文字之谜 …… 020

第二章　一个尘封在历史中的民族 …… 027

战火交织的岁月 …… 028

“土流并治”到“改土归流” …… 035

“石旮旯”中求生存 …… 038

第三章　山地民族的生活方式 …… 043

刀耕火种 …… 044

生产工具 …… 046

开门见山 …… 049

依山而居 …… 052

靠山吃山 …… 056

第四章　仡佬族的传统文化 …… 065

崇尚教育的民族 …… 066

傩戏与傩文化 …… 070

仡佬族医药文化 …… 076

传统体育活动 …… 080

第五章　仡佬族的风俗习惯 091

“茶三酒四烟八杆” 092
传统婚俗礼仪 093
神秘多样的葬式 099

第六章　多神崇拜与宗教信仰 109

自然崇拜 110
图腾崇拜 110
祖先崇拜 111
神灵崇拜 113
民神崇拜 121

第七章　“回归”的民族 123

对仡佬族的民族识别 124
民族区域自治 127
仡佬族的文化传承与发展 130

第八章　仡佬族的重要人物 139

古代人物 140
近代人物 143
现代人物 146
参考文献 155
图片提供者 156
后记 157

第一章
西南“古老户”

“仡佬仡佬，开辟荒草”，仡佬族古歌世代流传，这可能是对仡佬族历史最浓缩的记载了。被称为西南“古老户”与“地盘业主”的仡佬族，是贵州甚至西南地区最早的开拓者之一，曾经是夜郎国的大王族，也是今天贵州古老的民族，而人们对她的了解，却少之又少，她的文化，有许多至今仍然“养在深闺人未识”。

从百濮中走来

探寻仡佬族的族源，学者们主要持有两种观点，第一种是“百濮说”，认为仡佬族源于古代的百濮，百濮最早在中南、西南地区生活，是西南地区最早的开拓者，也是夜郎国的开创者和主体民族。百濮经历了僚人演变成仡佬族。第二种是“百越说”，认为自新石器时代起，东南地区的越人先后迁入西南地区，融合了原来的土著人群，濮只是融入越人中的一部分，而夜郎国是百越民族集团中的一部分，夜郎族群内部，一部分称“僚”，一部分称“濮”，其中的“僚”后来发展成为仡佬族。

“地盘业主”碑

可见，仡佬族由僚人演变而来是大家一致的看法，问题出在汉晋时期的文献典籍中对今天云贵一带民族的称谓，将两粤境内陆续北迁的越人氏族、部落与“濮人”并称为“僚”。魏晋时期，迁入今贵州、广西边境地区的越人，与原来居住在此的濮人杂居共处，经济文化逐渐接近，民族特征也渐渐出现了许多相似性，因此共同被汉族统治者称为“僚”人，在这一时期的汉文典籍中，往往濮僚连用或者濮僚互称。也就是说，僚包括了濮，但濮不能代表整个僚。从而导致了关于今天仡佬族的先民是源于濮人还是源于越人的两种观点。

目前，更多的人赞同第一种说法，即“百濮说”。据史料记载，越人大规模北迁主要是在秦汉时期，而在此之前人数较少，还没有成为当地的主体民族。而濮人作为西南地区的土著居民，很早就开拓西南。濮也写作“卜”。《逸周书》里记载：“卜人，西南之蛮。”《左传·疏》中说：“濮为西南夷也。”吕思勉在《中国民族源流史》一书中提及：“濮，亦作卜，亦西南一大族也。

所居为今黔江、金沙江、大渡河流域。”另外，在习俗上，虽然濮越两族群在长期的共同生活有一些相同之处，但是整体看来，两个族群仍然存在着明显的差别。如先秦时期的书多记载，当时越人多为“水田耕作”，而濮人仍大量“畲山为田”，以旱地农作为主；又如越人多“断发文身”“错臂左衽”，而濮人则多“椎髻”，男女皆着筒裙等等。而且，周边的彝族称仡佬族为“濮”。由此种种，可以推断今天的仡佬族应是由濮人经历僚人演变而来。

九天原记

今天，务川仡佬族苗族自治县洪渡河畔，有九块巨石从河谷底部拔地而起，巍然屹立于天地间，犹如九个顶天立地的巨人，称为“大猿山九天母石”。传说这里是九天天主诞生的地方，后来，九天天主的儿子潜祖下到凡间，封为濮王，又称蛮王，经过长期的繁衍生息，成为仡佬族的祖先。“蛮王仡佬，开荒辟草”，代代相传。如今，很多仡佬族人把洪渡河作为仡佬族的母亲河，把大猿山九天母石看作是仡佬族的发祥地。仡佬族先民正是吸九天之灵气，纳大地之精华，披荆斩棘，耕耘高原乐土、守望永恒家园。每年，仡佬同胞都会相聚在这里，举行隆重的仡佬族祭天朝祖活动。近年来，有学者在险峻奇特的大猿山九天母石背后，发现古老的城墙遗址，考证后认为大猿山上的古城墙及其周围有可能是仡佬族先民濮人所建夜郎国的王城。

九天母石

追忆神秘夜郎国

仡佬族这个古老的民族有着深厚的历史渊源和深邃的文化积淀，最辉煌的一段往事莫过于濮人所创建的夜郎国时期。

古夜郎国势力曾迅速扩张，北面征服了鳖、鳛、僰和巴国南境；西面征服了漏卧，与滇国相连；南面与南越国接壤；东南降

> **知识链接** 古夜郎国实际上是由濮人所建立的众多部落联盟而组成的一个大部落群体。夜郎国周围有大大小小众多小部落，这些部落有自己的部落首领，内自治，外与夜郎联合，并受其支配，因此后人习惯于将他们看作夜郎部落联盟，尽管这种联盟状态是非常松散的，但是从族群上来看，都系濮人所建。因此，仡佬族先民曾在夜郎国雄踞西南这一历史阶段处于一个全盛时期。

夜郎古国地图

服了毋敛；东北控制了且兰。也即是说，夜郎国最强盛时期的势力范围包括了今贵州大部分、云南东部、广西西部以及越南的部分地区，已是一个极为广阔的地域范围。汉武帝征服夜郎族群后，于其地设牂牁郡，可以推断出西汉时期牂牁郡的地域范围，应该便是春秋战国时期夜郎部落联盟集团的地域范围。因此，《史记·西南夷列传》开宗明义的第一句话便是："西南夷君长以什数，夜郎最大。"

> **知识链接** 西南夷是汉代对分布于今云南、贵州、四川西南部和甘肃南部广大地区少数民族的总称。各部族社会经济发展不平衡，其中夜郎、靡莫、滇、邛都等部族定居，主要从事农业生产；昆明从事游牧；其余各族或农或牧。与巴蜀有商业来往。两汉于其地置八郡进行管辖。此称呼一直延续到宋元时代。

司马迁判定"夜郎最大"并不仅仅根据所辖范围的大小，还充分考虑了它的综合影响力。首先是经济发展水平，当时，西南地区少数民族社会经济发展是十分不均衡的。如滇国以南的广大地区，散居着许多小部落，如巂、昆明，他们"随畜迁徙，毋常处，毋君长，地方可数千里"。说明这些部落还过着"逐水草而居”的游牧生活，居无定所，也没有建立政权；川西、甘南等地区的笮都、冉駹、白马等族群，经济发展水平比嶲、昆明略高一些，“其俗或土著，或移徙”，处于半农半牧的状态；而夜郎、滇和邛都则已经进入了以农业生产为主的定居生活，即“耕田，有邑聚”。并且，从许多地区的考古出土文物中可以看出，铁器农具已广泛运用到生产领域，如仁怀汉墓出土的铁器有铁锸、铁锯、铁刀、铁三角、铁斧，赤水、习水地区的汉墓也出土有铁斧、铁剑、木柄铁刀以及栌、犁等生产工具。

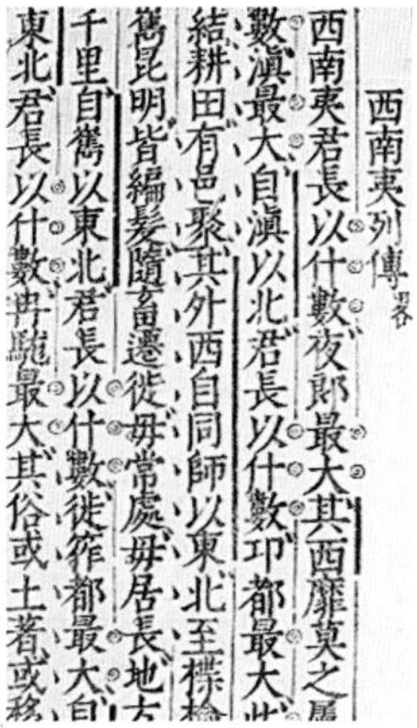
西南夷列傳
西南夷君長以什數夜郎最大其西靡莫之
數滇最大自滇以北君長以什數邛都最大
結耕田有邑聚其外西自同師以東北至楪
嶲昆明皆編髪隨畜遷徙毋常處毋居長地
千里自嶲以東北君長以什數徙筰都最大
東北君長以什數冉駹最大其俗或土著或

《史记·西南夷列传》书影

在古代，一个国家或政权实力的大小很大程度上取决于所控制人口数目的大小。《史记·西南夷列传》称：“窃闻夜郎所有精兵，可得十余万。”对“精兵十万”这一数字许多人认为明显有夸大成分。根据《汉书·地理志》所载：牂牁有“户二万四千二百一十九，口十五万三千三百六十”，认为夜郎故地总人口不过十五万，精兵十万显然是夸大之辞，但仔细分析，牂牁郡的十五万人口应该是指由官方统计、编户在册纳税的汉族移民，不包括“毋赋税”的土著民族，并且，班固撰写《汉书》时夜郎国已亡，从汉灭且兰时即“斩首数万”来看，战乱导致了人口剧减。《后汉书·郡国五》记载：“牂牁郡，武帝置，雒阳西五千七百里。十六城，户三万一千五百二十三，口二十六万七千二百五十三。”从一定程度反映出夜郎故地人口是十分可观的。西汉末，牂牁太守陈立召见夜郎王时，夜郎王兴所带随从即达数千人，也从侧面反映出夜郎国人口众多，国力强大。

除此之外，夜郎国雄踞在巴蜀通往南越的交通要道上，从牂牁江顺流而下便可到达南越都城番禺（今广州），战略地位十分重要，很早就受到南越的重视，曾经试图用大量财物诱使夜郎国归附，没有成功。后来汉朝派唐蒙出使夜郎，与夜郎侯多同达成协议，夜郎旁小邑皆纷纷归附汉朝，并希望在攻打南越的过程中，利用夜郎“十万精兵”，“浮船牂牁江，出其不意”，为“制越一奇”。

因此，夜郎国曾经盛极一时，在当时的西南地区具有很大的影响力，受到汉王朝的高度重视，正如《史记·西南夷列传》中所记载："西南夷君长以百数，独夜郎、滇受王印。滇小邑，最宠焉。"表明在"西南夷"数以百计的"君长"中只有夜郎和滇的首领被中央王朝册封为王，而且说明滇国实际上也只是一个小国，即"滇小邑"，封王的原因是"最宠焉"，而夜郎国却是由于其实力的真正强大。正是由于这一地区的势力和重要性不得忽视，使汉武帝决心开拓西南夷，广为置郡。濮人在这一时期开垦出了大量的耕地和农田，为西南地区的开拓做出巨大贡献，因此今天的仡佬族被称为西南地区的"地盘业主"与"古老户"。

关于仡佬族起源的神话传说

我们知道，关于人类的起源在世界各地不同民族间均有大洪水的传说，尽管细节不同，却有不少共通点，是远古人类对这一灾难的共同记忆。

知识链接 大洪水是世界多个民族的共同传说，在人类学家的研究中发现，美索不达米亚、希腊、印度、中国、玛雅等文明中，都有洪水灭世的传说。其中，美索不达米亚各民族的传说很明显有同一来源，基督教徒相信并声称由于往后各民族的居住地逐渐分散，使这个传说也变化多端。而另一方面，随着世界各地重新认识他们过去的文化和传说，大家都惊奇地发现原来这个"大洪水"传说在世界各地都有流传。也有一些有久远历史之民族，如蒙古、朝鲜、日本及中亚地区的民族则完全没有"洪水灭世"的传说。

在我国的传说里，大洪水的原因是水神共工和火神祝融发生战争，共工在一怒之下，撞折了支撑天的大柱子不周山以至天崩地陷，洪水滔天。一个比较可信的理由是，由于在7 000—8 000年前，全球的海平面曾经大幅上升超过一米。这一次海平面上升，使不少近岸及地势较低的地方都被水淹浸。

贵州许多少数民族都有丰富的洪水传说。在仡佬族民间，关于民族起源的传说故事很多。其中流传最广泛的应该要数"四曹人"的故事。"四曹人"同样是一个与大洪水有关的传说故事，说的是世间已经存在过三曹人，风吹一曹，火烧二曹，水淹三曹，到现在是第四曹人了。第一曹人是天神用泥巴捏成的，遇到大风就被吹化了；第二曹人是天神用草扎成的，遇到大火就被烧掉了；第三曹人是天上的星宿下凡来投生缘的，但是遇到洪水被淹没了，只有大山深处的一对兄妹，躲在葫芦里才逃过此劫。

据说，洪水泛滥之前，在深山野箐里住着兄妹二人，因父母双亡，二人相依为命。有一天，一只神奇的鸟从天而降，落在妹妹绣花的屋檐底下，这鸟不停地唱"挑花不如种葫芦"，一开始，妹妹只顾专心刺绣，并不在意，但一连好几天，这只神鸟都重复唱着同样的话，叫声也越来越凄厉，妹妹这才开始琢磨鸟所唱的意思，她与哥哥商量后在屋檐下种上两棵葫芦。葫芦生出一株以后便神奇地疯长起来，很快便蹿上了屋檐，萦绕着妹妹的绣房，没多久就结下了一个巨大的葫芦，足以容纳两个人。

这时，洪水开始从天而来（即水淹三曹之时），兄妹二人躲入葫芦中方幸免于难。直到洪水退去，才得以出来，而此时世间早已没有人烟，只剩下他们两人。哥哥依旧每天上山耕种，妹妹在家纺织刺绣，这时，神鸟又飞了回来，落在兄妹二人身边，并不住地唱"要留人烟，快快成亲"。兄妹二人诧异之中，也感到应该为世间留下人烟，然而世上除了他们之外再也找不到别人，兄妹二人在万般为难之下，向天祈愿，以询问天意。

神鹰葫芦图腾

他们将两面箩箕分别从两个山头抛下，结果两面箩箕合成一体；他们又各自背着一扇磨子从两个山头抛下，结果两扇磨子也吻合在一起，天意所示，兄妹二人结为夫妻。婚后，妹妹生下了一个奇怪的肉球，哥哥以为是不祥之物，于是将肉球分成几大块，有的抛入田中，有的挂在桃树、李树或杨树的树枝上……第二天天亮，只见遍地人烟，处处鸡鸣狗吠。据说，投入田中的后人都姓田，而挂在李树枝上的后人就姓李……

仡佬族人感念拯救他们的神鸟和葫芦，把他们作为民族图腾而崇拜。仡佬族人的敬雀节就由此而来。当你走进仡佬族地区，处处可见神鸟与葫芦的图案或塑像，四曹人的传说故事继续流

知识链接 仡佬族古歌《叙根由》，雄浑而古朴，可视作仡佬族的史诗，内容广泛，涉及古代神话、先民创业、民族民俗习惯的形成等一系列很有研究价值的题目，是目前为止规模最大、篇幅最长、最完整和最珍贵的一部仡佬族古歌，从中也可以看出仡佬族及其先民的哲学思想。

传着。

对于仡佬族的洪水传说，在《仡佬族古歌》中能够找到相关的记述：

在古代的时候，有兄弟妹三人。爹娘早故无依靠，相依为命过日子。一天上山去挖土，开田辟地来耕耘。今天开好新田地，明天去看又复原。一块田地未开成，兄妹三人很生气，躲进刺蓬看究竟。等到半夜鸡叫时，只见来了一个人，满头白发银胡须。哥哥说要打死他，弟妹说要放他走。老翁听了开言道："我是太白老金星，看见你们实在苦，来向你们说真情。不要辟地开田了，风吹已换头朝人，二朝又被火烧毁，眼看三朝也难保，要被洪水来淹没。岩下有个石柜子，哥哥到里去藏身；岩上有个大葫芦，容你弟妹两个人。葫芦旁边有个蛋，正好能塞葫芦门；听到蛋里有声音，便是神仙来报信，就可跳出葫芦门。此时你们得救了，以后的事会知情。"三人听着不警觉，转眼不见老金星。三人吓得惊慌了，急忙爬上半岩去，四方八面细细看，老翁说话果是真。哥哥钻进石柜去，石柜不浮被淹死。弟妹躲进葫芦里，顺手拿蛋塞好门，葫芦浮漂弟妹存。

仡佬族族称的来历

以竹为图腾

"竹"与仡佬族

仡佬族的族称究竟从何而来，这是一个人们常常谈起的话题。史书记载，仡佬族"以竹为姓"，崇拜竹，族人自称"glao"，本意是"竹"，现在则指"人"，即仡佬族人。仡佬，古读klao或glao。

仡佬族民间以竹为图腾加以崇拜，关于竹王的传说在仡佬族民间流传极为广泛，竹王就是夜郎王，兴于遁水，即北盘江，生于竹节之中，这个传说最早见于《华阳国志》，范晔在《后汉书》中也引用了这个故事。《夜郎史传》开篇即说：

武僰夜郎根，
夜郎僰子孙，
夜郎竹根本，
夜郎水发祥。

◀ 竹王像

很久以前有一位名叫"倡乳"的姑娘，自小失去了父母兄弟姐妹，独自一人居住在岩洞中，垦荒织布度日。一天，倡乳在河边洗衣服，突然水中冒出来一节巨大的竹筒，旋转着漂到她面前。她捞起竹筒，听见里面传出婴儿的哭叫声，便用棒槌把竹筒敲破，只见一个男婴躺在其中，手舞足蹈，十分可爱。倡乳将婴儿抱回洞中抚养，取名"笃筒"。笃筒渐渐长大，成为一个身强体壮的英俊小伙，倡乳却慢慢变成龙钟老妇。笃筒每日上山捕兽，下河捉鱼，母子二人相依为命，过着简单而平静的日子。一天，笃筒上山打猎，倡乳到麻园种麻。一只老虎叼走倡乳。笃筒扛着猎物回来不见母亲，四处寻找，在山林中发现了母亲的尸骨，笃筒得知母亲被老虎吃掉了，悲痛欲绝，找到老虎并将其打死，为母亲报了仇，又将母亲的尸骨装棺吊在悬岩之上，以免再遭虎狼伤害。笃筒打虎为母报仇的事迹逐渐在各村寨中传开，人们十分敬佩他的勇敢，推举他为王。因笃筒生自竹筒，人们称他为"竹王"，从此，族人们自称"glao"，意为"竹"，逐渐演变成为仡佬族的族称。

自称、互称、他称

通常，一个民族的族称分为自称、互称和他称。自称即族人对自己的称谓，互称指分布在不同地区的民族支系间对彼此的称

红仡佬

花仡佬

水仡佬

谓，他称是汉族或其他少数民族同胞对该民族的称谓。

不同地区的仡佬族自称有所不同。遵义、仁怀、关岭等地的仡佬族自称“哈仡”，织金县仡佬族自称“埃审”，大方普底乡、黔西县仡佬族自称“布尔”，大方县青山乡仡佬族自称“濮”，普定仡佬族自称“布告”，平坝、安顺仡佬族自称“褒佬”，六枝特区仡佬族自称“当佬”。

仡佬族的先民濮人、僚人都是许多民族组成的部落群体，居住地域广阔而分散，在漫漫历史长河中不断与其他民族交往、杂居，因此仡佬族呈点状分布，不同地区的人所处的自然环境和社会环境各有不同，在文化上既有同一民族的共同特征，又有一定的差异，和许多民族一样，仡佬族内部也存在着众多支系。在明清时期的文献典籍中可以找到大量记载，各种文献中所记载的内容也不完全相同，大致出现过20余种支系名称，有花仡佬、红仡佬、剪头仡佬、打牙仡佬、锅圈仡佬、披袍仡佬、水仡佬、土仡佬、猪尿仡佬、雅意仡佬等。新中国成立后，许多支系已经消失，或融合到其他民族中。

据大方县青山乡的仡佬族老人说，仡佬族自称“濮”，不同的支系有多种不同的称呼，或把“濮”字用于名称前，或用于名称后，如打铁仡佬叫作“培勒濮”。各支系之间也有不同的称呼，如：红仡佬称白仡佬为“布欧奥”，称花仡佬为“布欧挂”，称打铁仡佬为“布那舍”，称雅意仡佬为“布欧宴”；披袍仡佬称打牙仡佬为“那”；蔑仡佬称打牙仡佬为“夺搂娄布郎”。

彝族称仡佬族为“濮”；苗族大多数称仡佬族为“克”“凯”，亦有称为“友”“直蛮”或“嘎赫”的；布依族称仡佬族为“戎”或“布戎”；壮族称仡佬族为“布央”“布徕”；汉族称仡佬族为“仡佬”“阁老”“古族”“古老户”。从这些称谓中也可以看出仡佬族的族源以及悠久的历史。

“仡佬”二字的来历

关于“仡佬”二字的来历，各地流传着多种版本的民间传说，仅关岭县民间就有三种不同的说法。第一种传说，过去许多仡佬族人做官，办理公务、审理案件都用民族语言，别的民族听不懂，皇帝怕误事，就说：“不让他们做官了，把他们革了。”这里“革了”是开革不用的意思，后来渐渐演变成了“仡佬”。第二种说法是，因为仡佬族做斋，要用牛角倒酒，灵房又设在堂屋上，所以人们就称他们为“角老”，现在写成“仡佬”。第三种说法，“仡佬”是“改了”的变音。源于仡佬族女人穿的大裙子，这种裙子做工太复杂，裙角要挑绣朵，衣服要做花边，费时费力。甚至说有一家姑娘已经订亲，男方等了好几年，女方的衣裙还没做出来，男方等得不耐烦，告到官府，官家说：“你们这样做不好，改了。”于是这“改了”后来就说成了“仡佬”。

在仁怀地区，传说仡佬族最早叫“角脑族”，相传古时仡佬族男女老少头上都要扎一对朝天髻，好像一对牛角，因此取名“角脑族”。后来被迁来的汉族地主称为“羊子角脑”，带有明显的侮辱意味，于是，族人齐心议定更改族名为“阁老族”。而朝廷的宰相，被人尊称“阁老”，他听说贵州有个土著民族叫作“阁老族”，大发雷霆，就给贵州官员下达命令，要求阁老族人改为蛮族，阁老族人没有理会，宰相便派了一员大将，带兵清剿阁老族。阁老族人奋起反抗，英勇回击，终因寡不敌众、实力悬殊而归于失败，被迫逃到荒山野岭、没有人烟的石疙淖地方去避难，以“石疙淖”的同音字“仡佬”为族名，既与“阁老”音近，同时纪念这段辛酸的历史。从此，“阁老族”就改为“仡佬族”了。还有一种传说是，古时候，仡佬族的女人会飞，很能干。人们便做了一身很厚重的衣服给女人们穿，于是她们就飞不起来了，说这种衣服把她们会飞的东西“隔了”。“隔了”后来就演变成为仡佬族的族称。

虽然只是种种传说，却道出了仡佬族悠久的历史，道出了仡佬族深厚的民族文化，道出了仡佬族人艰辛的发展历程，也道出了仡佬族人勤劳勇敢、坚忍不拔的精神。

仡佬族文字之谜

仡佬族是一个拥有悠久历史和灿烂文化的古老民族，但是由于历代战争、民族融合和长期迁徙等种种原因，仡佬族的传统文化、风俗、习俗大都没有完整地保留下来。关于仡佬族的文字，过去一向的说法是，仡佬族有语言无文字，使用汉文。

然而一些仡佬族民间传说认为仡佬族存在自己的文字。传说仡佬族中有一位神通广大的人物——付天官，他手中有一部“天书”。付天官为了维护族人的利益常常与诸神仙斗法，并常常取胜。他死后，人们一直传颂着他的神奇故事，而“天书”却神秘失踪了。而传说仅仅只是传说，对于仡佬族是否拥有自己本民族的文字在学术界一直处于否认态度。

《九天大濮史录》的发现

近年来，关于仡佬族是否有文字的说法有了一些新的动态。2008年，为了完成全国政协主编、贵州省和遵义市政协承担的《仡佬族百年实录》一书的编写工作，贵州省仡佬学会付尔光、田金海、郑继强等专家学者遍访了云南文山、湖南湘西、四川南部、广西北部和贵州境内的仡佬族地区，在黔北一位李姓仡佬族老乡家里发现了一本古

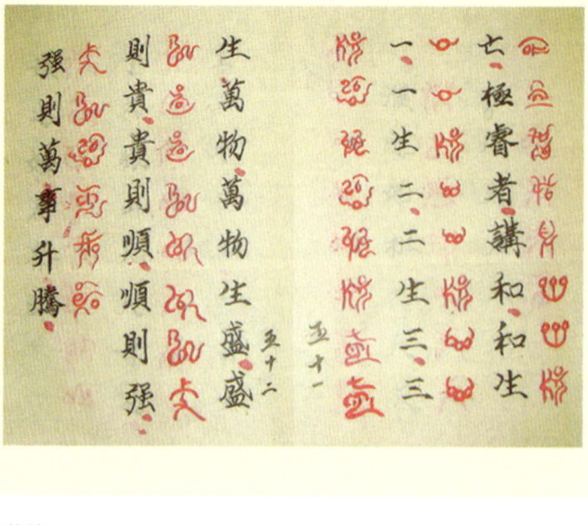

《九天大濮史录》书影

书——《九天大濮史录》。据李姓人介绍，他的先祖是宋代仡佬蛮王李文通的后代，这本《九天大濮史录》便是祖传而来。古书大约6 000余字，并列用双文来记录，一列是用黑墨写成的汉文，另一列则是用朱砂书写的一种古老奇特的文字。这本古书的发现给许多人带来莫大的惊喜，认为这奇特的文字就是仡佬族古文字。专家初步考证，认为这种古文字符号是一套比较成熟的文字系统，具有重要的价值。甚至有人认为，《九天大濮史录》有可能就是仡佬族人传说已久且失踪多年的"天书"。

刻在石头上的仡佬文

从内容上看，《九天大濮史录》是一部通过先贤评述，集中反映南宋前仡佬族及其先民的文明史，包括建立大元国、普国、牂牁国、夜郎国的过程和治国理念以及兴衰成败的缘由。这些有关仡佬族古代历史的内容，很多都能与汉文史籍的记载相印证。

《九天大濮史录》之"南宋宰相王旦仡佬史录"记载：

宋真宗亲征抗辽，辽惧求和，而宋真宗则辽求和，签订了《澶渊之盟》，反以三十万财物赔辽，朝野上下，一片哗然，王主闷，问计于臣王钦若，钦以仡佬文字写百字，假托仙人书，挂于承天门上，以平众心，此文被曾两度任蜀州官吏的张咏识得，他本人性直刚烈，便直告真宗，说此文是仡佬文而非天书，宋真宗告之：仡佬，九天之子，天书如仡文，仡文如天书，何来假？张咏不知缘由，无奈，退。"仡文天书与民间的相关传说有所对应。

书中还记载：

天子之文曰天文，天子之书曰天书。濮始于天，天子也。天文乃濮之文，天书乃濮之书。昔濮之大元三王统文字史录，去仓颉之误，造天文无数，著天书若干，然汉夺我夜郎朱砂、换市，遣太守陈立计杀郎王，焚烧九天大猿夜郎王宫木头天城，诛杀郎首百余，焚古存天书若干。宋孝宗帝时，辛弃疾伐仡佬（濮人后裔），又火烧大猿山九天母石木头城，从此天子之书难觅。

又说：

宋宁宗时，仡佬人郑清之在朝为官，偶得记濮事之天书六本，郑精濮文，阅之甚喜，恐后人误读，即以汉文注译天文。郑视书为宝，与兄弟子侄商议各藏一本。明万历七年，郑之后郑绍爵以无汉译天书示，诈仙人授，而取真之首后，天书失踪。明光宗时，务之仡佬王李文通之后李可喜在其兄李可灼处发现这本郑清之注译天书。喜抄月余，共四本，一半有汉注，一半无汉注。后因光宗病，其兄可灼送朱砂丸药于宗，宗服安，第二次送服后则毙命。喜闻之带书逃回。光绪十一年夏，付东藩以千文碗米换得此书寻吾，吾阅之甚悦，邀东藩共抄八本，有汉字译一本，仡文七册分存。

据考证，郑绍爵为今道真人，曾任真州第11任土官；付东藩是今务川人，属清代举人。严宗六是今道真人，曾参与《续正安州县志》编纂，后严家失火，大多数著作毁于一旦，这些记载，均可以与汉文献中所载内容找到印证。并且，在贵州省仡佬族的居住区，有大量此类文字石刻符号的残存，因此，仡佬族文字初步得到了确认，但是与之相关的研究和考证，还有很多工作需要去做。

刻在石头上的仡佬文

2009年2月11日，“发现仡佬族古文字”情况汇报会在贵阳召开。著名仡佬族文化研究专家张济民，著名的民族文化和文字研究专家今旦等专家学者齐聚一堂，对《九天大濮史录》发表了认同意见，要求进行系统研究和抢救保护。大家一致认为，《九天大濮史录》中的文字符号是一套成熟的文字系统，书中所记录的仡佬族古代史等相关内容，对仡佬族历史文化研究，对夜郎史、贵州古代史、南方民族历史的研究，都是珍贵的素材。书中用朱砂书写的被认为是仡佬族古文字的文字符号，对寻求中国古文字研究的突破，具有极其重要的价值。2月27日，贵州省民委就“发现仡佬族古文字”的情况汇报会在北京召开，中国社科院学部委员、中国少数民族古文字研究会名誉会长、西夏文专家史金波教授，中国少数民族古文字研究会会长、中央民族大学少数民族语言文学系张公瑾教授，中央民族大学古籍研究所所长黄建明教授，国家图书馆古籍保护鉴定中心、满文专家黄润华先生，中国古文字研究会秘书长木仕华研究员，中央民族大学少数民族语文系副主任、仡佬文化研究专家周国炎教授，国家民委语文办李旭练处长等相关权威学者参加了这次汇报会，专家们对《九天大濮史录》一书是否是古籍以及书写的文字和记载等均作了详细考证，一致认为该书不但是古籍，而且是证明仡佬族曾经使用过的一套成熟的文字系统的民族文字古籍。

仡佬文字石碑

仡佬文字石碑

我们看到，这种古朴优美的仡佬族古文字笔画飘逸、字体圆润、书写规整、结构严谨，均是从上而下，从左至右，且表意结合，内涵丰富，既有象形特点，又有自己的民族特征。

平正仡佬族乡传承民族文化

仡佬族古文字被发现的消息使各地仡佬族儿女无不欢欣鼓舞，希望能够将这一民族文化之魂传承和弘扬下去。2009年3月，被称为“中国仡佬第一乡”的遵义县平正仡佬族乡将所发现的仡佬文字整理出来，并复制装订成册，发放给当地中小学校师

镌刻着仡佬族文字的石门

生，计划将民族语言和文字列入当地中小学的教学内容，并组织编写教材，希望将仡佬文字逐渐推广开来。政府机关、学校等单位，都用汉文和仡佬文两种文字对应的标识。

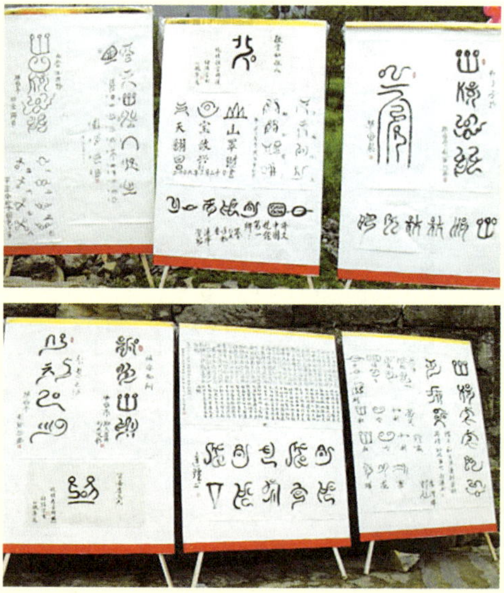

仡佬族文字书法作品

近年来，平正仡佬族乡十分重视对仡佬族传统文化的宣传和打造，通过政府与民间合作，着重打造了以展示仡佬族历史、传说人物与古文字为主题的仡佬族石头城，城内设有陈列馆，馆中再现了仡佬始祖、无限制天、无奈制地直至夜郎国以后产生的33王简历和仡佬族起源的整个发展过程及民风民俗，让人们在领略仡乡独特地形环境的同时，欣赏石头上的仡佬族古文字，并通过当地仡佬族群众的演出，了解仡佬族先民披荆斩棘、开拓家园的艰辛历史和奇特的仡佬族传统文化。

平正仡佬族乡还举办了仡佬文字书法比赛，当地近40名选手参加了比赛，年龄最大的有79岁，最小的10岁，他们充分展示了自己对本民族文字的热爱以及独特文字的书写技巧。每当临近春节，平正仡佬族乡政府工作人员用仡佬文字写了大量春联，赠送给乡民，于是，走进平正乡，家家户户门上所贴的这种奇特的春联十分引人注目，成了一道独特的风景线，别有一番风味。这些活动促使更多仡佬族人主动关注本民族的历史文化，有助于强化民族记忆，增强民族认同。

文字是一个民族文化的重要符号，仡佬族是否拥有本民族文字还值得商榷，但仡佬族历史的悠远及文化的深邃得到了更多人的认同。

第二章
一个尘封在历史中的民族

仡佬族的先民自古以来就广泛活动在整个西南地区，随后逐步分化、重组，形成了仡佬族，主要集中在今贵州北部。其特殊的地理位置和历史背景，使得该地区成为黔地与川蜀、中原地区往来的交通要道，是中原汉文化通向贵州及其以西以南广大地区的重要门户。因此，历史上，仡佬族就深受汉族及其他民族强势文化的影响，在历经战乱洗涤和强权压迫之后，或遭受杀戮，或融入他族，或隐没于崇山峻岭之间，逐渐淡出了人们的视线，成为一支尘封在历史中的民族。所以，今天我们要重新认识仡佬族，需要重启历史的大门，在岁月的长河中去找寻他们的足迹。

战火交织的岁月

战争，常常会成就一个民族，或者分化一个民族，或者灭亡一个民族。对于一个古老民族的存在和发展来说，战争是一段不可磨灭的记忆。仡佬族同样，它的产生、发展、生存、消亡，都伴随着一次又一次战火纷飞，经历了各种各样的苦难与艰辛，终于在沧海桑田的岁月流逝之后，凤凰涅槃般重获新生。

先秦至两汉时期

根据史书记载，仡佬族的先民濮人曾是一支力量强大的部落联盟，参加过周武王讨伐商纣王的牧野之战，为周王朝的建立立下了汗马功劳。后来周景王二十二年（前523），楚人攻打濮人，濮人大败，大部分被迫向西迁徙，逐渐分化。

夜郎地图

春秋齐桓公称霸时，濮人在西南地区建立了许多大大小小的政权，有夜郎、牂牁国、鳖、鳛等国。战国时期，牂牁国逐渐衰亡，南部被南越国所占，北部被夜郎国取代。夜郎的势力迅速扩张，征服了周围的许多小国，最强盛时期的势力范围已包括今天贵州省全部、云南省东北部、广西壮族自治区西北一小部分以及四川省南部部分地区，并建立起一支强大的军队。

《史记》书影

在《史记》《汉书》中均有相关记载："夜郎所有精兵，可得十万"，这个数字虽有夸大之嫌，但某种程度也是夜郎国奴隶制国家实力的展现。汉成帝河平年间（前28—前25），夜郎王和句町王以及漏卧侯为了扩张势力，互相征战，闹得边境不得安宁，汉王朝派张匡前来“持节和解”，遭到夜郎王的拒绝。随后，汉王朝再次调派陈立为牂牁太守来到夜郎国，劝告夜郎王安疆守土，切勿再节外生枝，频生事端，夜郎王仍旧不听劝告，陈立情急之下，历数了夜郎王的多项罪状，并将他斩杀。其他首领看见夜郎王被杀，慑于汉王朝的威力，纷纷归降。至此，随着存在四百余年的夜郎国覆灭，仡佬族先民濮人最辉煌的一段历史宣告结束，濮人开始进一步分化。

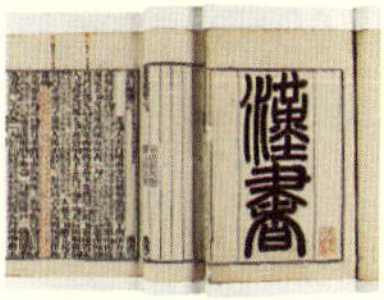

《汉书》书影

夜郎诸国

魏晋至两宋时期

魏晋时期，史书上开始把濮人称为“僚”，说明僚人是由濮人长期发展、分化而成的，活动地域也和濮人大致相当，遍及今四川、贵州、云南、广西、湖南等地区。僚人经历了战乱和分解，星星点点散落居住在今天贵州大部、云南东部和广西西北部地区，形成“大杂居、小聚居”的分布格局，并与周围的其他民族融合，到隋唐时期，其中一部分逐渐形成了仡佬族。

长期以来，仡佬族所在的西南广大地区属于化外蛮荒之地，与中央王朝保持着若即若离的联系，时而起冲突，时而遭受镇

知识链接 僚人称谓最开始出现是在南北朝时期的桂云贵地区，后来伴随着秦汉以来绵延唐宋在元末明初达到顶峰的僮人入桂以及南北朝时期的僚人入蜀等民族大迁徙而扩展到贵州、四川等地。唐初，贵州境内出现了葛僚、仡僚等名称，即仡佬族。

压。唐宋时期，广大仡佬族人为了反抗官府的掠夺、欺凌，展开前赴后继的抗争，遭到一次又一次残酷的剿杀。唐高祖、唐太宗时，西南多地仡佬族人相继起义，均在朝廷调集大军的镇压下而惨烈结束。大量仡佬族人惨死于刀光剑影中，大批仡佬族男女被俘虏，转卖为官绅奴仆，受尽了奴役和压迫。

南宋建炎三年（1129），仡佬族人在任政隆（诨名金头和尚）率领下起义，攻打思州、涪州、渝州等地，遭到当地冉氏大军的镇压。后来，冉守忠的重孙冉桂森攻入珍州。在这场旷日持久、波及黔东北广大区域的战争中，成百上千的村寨被焚毁，数以万计、十万计的仡佬族人惨遭杀戮。在官军斩尽杀绝的腥风血雨中，少数人躲入山洞或钻入枯树洞内才得以幸存。幸存者大多遁迹边远山区的深山丛林之中，他们及其后代被称作“古老户”，过着极端贫困且世代受人歧视的生活。民间称这段“平南僚”的历史为“赶苗拓业”或“追苗赶汉”（这里的“苗”是对少数民族的泛称）。每每叙及这场浩劫，仡佬族人都能讲述起一段惊心动魄并充满惨痛回忆的辛酸逃亡史。

南宋金头和尚起义的铁围城

元明清时期

元朝宪宗时（1251—1259），派遣兀良哈台督兵进军西南，渡泸江时，遭遇仡佬族人的顽强抵抗，结果，川南地区三座仡佬族人城镇惨遭屠戮。城外仡佬族人含愤报复，多次组织夜袭，从元军营中夺走战马1 700余匹。至元二十七年（1290），黔中地区的仡佬族人苦于沉重的军役军赋，“怨深于骨髓”，组织3 000人攻下顺元城（今贵阳市），斩杀贪官污吏若干。随后，湘、川、黔毗邻地区的广大仡佬族人起而声援，于险要关隘处设置木弩、竹矢阻击官府调集的征讨大军。黔西北、滇东北以及川南彝族人民深恶官府的横征暴敛也纷纷起来声援仡佬族义兵。官军丧师十之八九，弃地千里，迫使元朝聚集官军三万、土司兵一万合围义军，将其镇压。

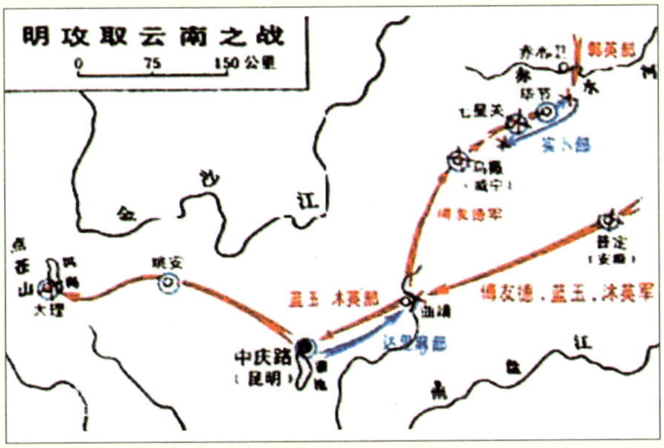

◀明攻取云南之战

明清时期，中央集权的封建专制统治发展到顶峰，中央王朝的统治势力不断向西南边疆少数民族地区发展。明初，朱元璋命大将傅友德、蓝玉、沐英发兵30万，消灭了元朝在云南的残余势力，使“蛮佬之地，次第底平”。洪武十八年（1385），又命楚王桢和将军汤和“击斩九溪诸处蛮僚。俘获四万余人，诸苗始惧”。战争犹如统治阶级集权统治的利刃，率先斩乱了西南广大少数民族相对平稳的生活。

随后，明政府开始在西南地区实行卫所制度和“调北填南”。明王朝为拱卫云南，建立起四通八达的交通要道，大量屯兵移民。在仡佬族分布地区的交通道上，自东向西先后设置了二十余个卫，每卫统兵5 600人，卫以下设立的所、哨，都属于军事体制的范围，实质上不过是作为控制地方、镇压各族人民的强大力量。

传说，明王朝“调北征南”时，朝廷集重兵前来征剿。仡佬族首领阿大带领族众奋起抵抗，激战七个昼夜，惨烈牺牲，抵抗失败。阿大身首异地，整个战场尸横遍野，血流成河。洪武二十八年（1395），水西（今贵州毕节地区）境内仡佬族人因拒不输租，被官军“攻讨”，三万余人惨死，万余人被俘。居住在黔西南的仡佬族支系之一的“徕子”，先后于明洪武、永乐、嘉靖年间遭到官军及土司兵驱赶，被迫渡过红水河，远走他乡，一直走

知识链接 卫所制为明朝的最主要军事制度，为明太祖所创立，吸取中国历史屯田经验，是一种寓兵于农、守屯结合的建军制度。卫所军队都有固定的戍所，由朝廷根据各地的防卫、战略需要而设置，或数府一卫，或一府数卫，或一府、一州一个千户所，视各地战略地位之重要与否而定，固定驻屯戍守。

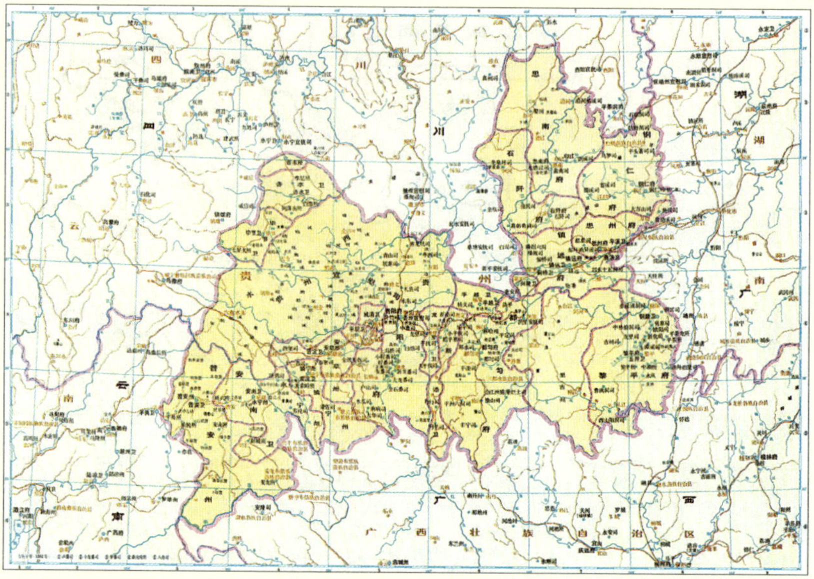

明代贵州地图

到广西隆州的山林中。今黔西南布依族苗族自治州民间有着不少关于徕子的传说，留下许多徕子遗迹或地名，兴义城附近有“徕子洞”，望谟有“赶徕寨”。

有明一代，在黔北以及黔东北、黔西北仡佬族居住地区前后发生了大大小小共43次反抗斗争。反抗与镇压交织，杀伐不断。仡佬族古歌中就唱道：“本是洪武来开赦，调起北兵来征南，西南仡佬被消光了，又调北民来填南。”从这一时期起，黔北地区的广大仡佬族人民面对人数庞大、实力强大的汉族以及残酷的阶级剥削、民族矛盾，或被“汉化”，或隐匿，或迁徙。

尤其明后期万历年间著名的平播战争，无论对于整个明朝历史来讲还是对于遵义的地方史来说，都是浓墨重彩的一笔。播州，即今天黔北的遵义，是仡佬族聚居的区域之一，经过杨氏几百年的经营，到杨应龙统治时期，无论政治、经济还是军事等各方面都积累了丰厚的实力，同时也加剧了杨应龙野心的膨胀，他不断壮大自己的势力范围，频繁与明朝中央政府作对，并于万历二十三年（1595）公然竖起反明大旗。万历二十七年（1599），明朝起用前兵部侍郎李化龙，率领24万大军前来平叛，一直到第二年六月，终于平定了这次叛乱，废除了播州宣慰司。最后的战争地点就在今天遵义市高坪镇的海龙屯，这个险要的军事堡垒如今留下的残垣断壁仍然给我们勾勒出一个完整的轮廓，足以促使参观者遥想当年铭刻于历史的明末万历平播之战，会是何等惨烈。

战争卷带着杀伐、奴役、驱赶、压迫，最终受苦受难的还是人民，此次明王朝的平叛，使黔北地区的仡佬族遭受巨大灾难。据史料记载，平播战争时，烽烟四起、战火纷飞，大量无辜的仡佬族人遭到屠杀，为了免受杀戮，许多人易姓隐族，避居山谷，或举家外迁，战后幸存者仅十之一二。

万历平播战争海龙囤飞龙关

海龙屯天梯

清代在明代的基础上进一步稳定了对贵州的统治，雍正五年（1727）将原本属于四川省管辖的遵义府及湖南的平溪、清浪等地划归贵州，基本确定了今贵州省的境界。为了能够增加贵州的财政收入，并打通贵州通往湖广的水路交通，清雍正年间开始了大规模开辟苗疆的政治举措。开辟苗疆的过程实际上在很大程度上是用武力镇压当地少数民族的过程。在这个过程中，大量的少数民族遭到屠杀。

清代黔北地区的战乱更为频繁，尤其是清末，黔北仡佬族与其他地区少数民族的反清斗争前后长达十余年。咸丰四年（1854），杨龙喜、舒裁缝领导的黔北大起义，包含汉、苗、仡佬等族，成为咸同时期贵州各族人民起义的先声，这次起义历时8个月，最后惨遭清军的镇压而失败，但其余部却坚持斗争达四五

清代贵州地图

知识链接 遵义平家寨人山满（小名山峦峦），少年时便与父兄到茅台为官家背运食盐，长期跋涉于起伏崎岖的高山深谷中，饱受严寒酷暑的熬煎和官军的凌辱。咸同年间，遵义地区连年干旱，颗粒无收，地主依然凶狠地催租夺佃，毫无余地可言，官府又逼交“长毛捐”（指镇压太平军用的捐税），民不聊生。年轻的山满带领走投无路的仡佬族人抗租抗捐，冲进地主宅院，抢走粮食和财物，分给群众，并在地主堂屋墙上愤然写下：“富家豪门粮如山，干人（穷人）百姓肠粘干。仡佬打富济贫穷，不怕龟儿去叫官。”落款为“老子叫山满”。官府派官军团练前往捉拿，山满便聚众武装起义，击退官军，并加入挺进黔省的太平军石达开部，任旗手，转战于黔西北、川南等地。

年之久。

战争伴随着的是不断的人口迁徙和社会整合，大量的移民被招募进入黔北，并在此落土安居，急剧增加了当地民族结构中汉族的比例。一次次“抗争、镇压、整合”的过程，对当地的仡佬族人来说，是一次次巨大的冲击，仡佬族古歌中有这样的唱词：“这样遭难无数次，四处分散难团圆。仡佬遭劫人减少，余下无处把身安。”原本就居住分散、势力弱小的仡佬族变得更加支离破碎。可以说，明清之际贵州少数民族的分布，以仡佬族最不定型，他们遭受的苦难最为深重，大迁徙的现象频繁，民族特征越来越不明显，有的与汉族或其他民族自然相融合。

清王朝灭亡后，仡佬族地区进入军阀统治时代，各地大小军阀连年混战，到处征兵，横征暴敛，严重破坏了生产，加之匪盗猖獗，广大仡佬族人民濒于绝境，黔北地区的仡佬族几近“消亡”。

“土流并治”到“改土归流”

仡佬族在漫长的历史岁月中走过了艰辛的路程，那么在长达两千多年的封建王朝中央集权的专制统治之下，主要是以什么方式对仡佬族进行管理的呢？管理方式的转变到底给仡佬族人带来了什么？

从整体上看，古代中央王朝对西南地区的大多数少数民族鞭长莫及，无法亲力亲为加以管理，主要依靠当地族长、首领进行间接统治，仡佬族地区同样如此。但处于靠近中原的交通要道沿线仡佬族地区却有大量汉族人进入，使部分仡佬族受汉族影响较深，渐渐俗同汉族，因此由中央王朝派官员直接管理，在仡佬族地区形成“土流并治”的局面。随着汉族的大量进入，中央集权的增强，率先对广大仡佬族地区进行比较彻底的“改土归流”，因此，仡佬族较早接受了中央王朝的直接管理和统治，较早与大量汉族相处，因此受汉族的影响十分深远，因此仡佬族的民族特征“消失”较早。

在此前后，为了加强对边疆少数民族地区的统治，元朝统治者在唐宋羁縻政策的基础上，对西南少数民族中的上层首领进一步实行“招抚”，按归附者原来所辖地区的大小，分设州县，加封各族首领为土知州、土知县、宣慰使、宣抚使、安抚使等职，称为土官，通过他们对各族人民进行统治，其所辖地区的人民已被王朝纳入编户，“皆赋役之，比于内地”，这就是所谓的土司制度。在政治经济上对边疆少数民族地区的控制比唐宋时期有了更进一步的加强。

土流并治

元朝开始，行省是地方最高一级的行政机构，当时，仡佬族地区大致分属四川、云南、湖广三个行省，行省以下土流并存。

仡佬族地区的土司设置，可以追溯到元宪宗蒙哥招降乌蛮，

知识链接 1279年，元世祖忽必烈灭南宋最终统一全国，为加强中央集权的专制统治，元朝政府于1290在全国设置11个行中书省（简称行省），以下设府（州）、县二级，开了我国地方行省建置之先声。

分设普安、普定二路时。元世祖忽必烈统治时期，先后设置乌撒路和思州、播州安抚司。史书记载，至元十六年（1279）“招谕西南诸部族酋长，能率所部归附者，官不失职，民不失业”。至元二十七年（1290），又“招到罗甸国扎哇……仡佬、苗人诸种蛮夷”四万余户，从而设罗甸宣慰司。这样，元王朝在西南少数民族地区，初步完成了“土流并治”的地方行政体制。

改土归流

明王朝为了加强中央集权，强化对西南少数民族地区的统治，明成祖永乐十一年（1413），正式将贵州设为一个行省，在仡佬族集中的黔北地区率先实行改土归流，政府组织了大规模的“调北填南”“以湖广填贵州”的移民活动，大力经营驿道，为中央政府在贵州建立流官统治的大格局奠定了基础。管理黔北仡佬族的思州、思南和播州土司相继被明王朝废除。

仡佬族聚居区改土归流一览表

土司机构	改土归流时间（年）	改土归流前所辖地域	改土归流后的建置	府辖长官司及蛮夷长官司（个）
思州宣慰司	1413	今岑巩、玉屏、务川、凤冈、石阡等地	思州府	4
			黎平府	7
			新化府	7
			石阡府	4
思南宣慰司	1413	今思南、铜仁、印江、施秉、镇远、沿河等地	思南府	4
			铜仁府	4
			乌罗府	4
			镇远府	6

续表

土司机构	改土归流时间（年）	改土归流前所辖地域	改土归流后的建置			府辖长官司及蛮夷长官司（个）
播州宣慰司	1600	今遵义、桐梓、正安、道真、绥阳、仁怀、习水、赤水、福泉、余庆、黄平、瓮安、湄潭等地	遵义府		遵义县	无
				正安州	桐梓县	无
					绥阳县	无
					仁怀县	无
			平越府	黄平州	余庆县	无
					瓮安县	2（府属）
					湄潭县	无

知识链接 改土归流是指改土司制为流官制。又称土司改流、废土改流。始于明代中后期，是指将原来统治少数民族的土司头目废除，改为朝廷中央政府派任流官。土司即原民族的首领，流官由中央政府委派。改土归流有利于消除土司制度的落后性，同时加强中央对西南一些少数民族聚居地区的统治。

思南府

改土归流对仡佬族的影响是深远的，尤其是平播战争之后黔北地区主体人口的民族构成与之前相比，发生了重大变化，由之前世居于此的族群为主的人口构成变化为从四川、湖广涌入的汉族移民为主的人口构成。这对仡佬族社会之后的发展以及仡佬文化的传承都产生了巨大影响。在强势文化巨大冲击面前，仡佬族自身文化渐渐失去了原来的面貌，一点一滴地流逝着，消亡着，民族的记忆渐渐淡去，群体的认同慢慢弱化。人口剧减、流亡他乡，美好的家园不复存在，仡佬人的命运将何去何从呢？

“石旮旯”中求生存

改土归流后，汉人大规模进入贵州北部和中部等广大地区，占据了谷地，而仡佬族迁移到山地；汉人占据集镇，仡佬族形成相对独立的村寨；通常在许多民族村寨里也常有杂居在内的汉户。汉族进入的同时发挥着强大的凝聚力，对居住分散、力量不均匀、发展滞后的仡佬族具有极大的吸引力。仡佬族经历着严重的汉化和迁徙过程，要么举家往西迁徙，要么隐藏民族成分，自称汉人。在排挤、打压下，仡佬族被迫离开祖先和自己开拓的家园，到偏僻贫瘠之处隐蔽度日，出现了“高山苗，水仲家，仡佬住在石旮旯”的局面。

如遵义县平正乡的山姓仡佬族曾经散布在平家寨（今平正乡政府所在地）周围远及几十里的泮水镇地界，是当地的名门望族，盛极一时，如今在平正乡仅有十几户山姓人家。当地一些学者近期发现了山姓家龛，刻写有“搬迁外省”的字迹。根据广西、云南一些地区所发现的仡佬族墓碑记载，道光年间那里已有小聚居的仡佬族村寨，并载明墓主生前迁自贵州遵义府官口（今遵义县）、仁怀县金竹屯。据推测在雍正以前，已有部分仡佬族从贵州北部迁入广西，乾隆以前已有部分迁入云南，确切年代已

石缝地里种庄稼

经很难考察。贵州中部一些地区的仡佬族也是由黔北地区迁徙而来，据关岭县坡蝉村的仡佬族说，他们从仁怀茅坝搬迁过来的，在当地朱姓仡佬祖坟上，刻有“卒于大清道光十九年的朱万明公乃生于仁怀县茅坝场”，充分证实了这种说法。文献中也有许多关于黔北仡佬族举族外迁的记载，如《贵州省志》记载：“遵义府的仡佬族为躲避战祸，分别迁往滇东南的富宁、广南、文山、麻栗坡、马关等地居住。”道光年间，四川客民及“遵义、思南等处之人，仍多搬往，终岁络绎不绝”。桐梓县的仡佬族继续迁往兴义、安南等地，户数逐渐减少。据说，当年他们一批一批地被驱赶，因此约定，先出走的人沿途砍倒芭蕉树为记号，以便后来者追随而去。可是时日一久，砍倒的芭蕉重新生长复原，再无标记可寻，无方向可辨，先走的人已到达云南甚至更远，而后来者却落籍于广西隆州一代。

就这样，仡佬族从开荒拓野的地盘业主逐渐被边缘化，被迫隐匿于山林，在贫瘠的“石旮旯”地艰难求存。在遵义、仁怀、大方和镇宁一带，仡佬族苦歌中也道出了仡佬族人内心的倾诉：

石旮旯来石旮旯，石旮旯住的是仡家。

石旮旯地仡家种，粮食收进地主家。

仡佬头上两把刀，租子重来利息高。

穷人眼前三条路，逃荒、上吊、坐监牢。

有钱人来到大田坝，仡佬被赶上老山林。

石头缝里求生存

石缝里种的庄稼

石缝里种的庄稼

种出粮食财主收，挨冻受饿是仡佬人。

天昏昏，地茫茫，遍野白雪，满山荒凉。

没有吃，没有穿，仡佬儿女要死亡。

老天呀，老天！睁开你的眼睛，看看这人间的凄凉。

天神呀，天神！伸出你的双手，救救我们仡佬一家。

生产条件的艰苦和生活的艰辛不言而喻，但是这一切都没有让仡佬人失去生活的信心和希望，为了生存，他们坚忍不拔，积极乐观，自强不息，继续开荒辟草，在石山中寻觅有限的土地，寻觅生活的希望。也正是这种生存的窘状在历史上多次发生，成为他们与世无争的道家思想形成的渊源，造就了仡佬族人坚强、踏实、沉稳、隐忍的性格。

在2006年成功申报“中国仡佬第一乡”的遵义县平正仡佬族乡可以说便是一个典型的石头王国，这里的仡佬族人世世代代凭借自强不息的精神在满山遍野的石头夹缝中寻求生存的可能。石缝里少量的贫瘠土地就是他们生活的来源，能开垦的地方几乎都被开垦，能播种的地方都种上了粮食，可谓见缝插针、惜土如金。

近年来，平正乡投资4.3亿元建立了一座贵州原生态仡佬文化博物馆，又称为“仡佬石头城”，占地380多亩。石头城内目前已建立起仡佬族文化博览园、陈列馆，陈列着仡佬始祖九天天祖、潜祖、月、达贵、宝王等重要传说人物。石头城里处处是造型奇特的巨石，很多还镌刻了近年来新发现的仡佬族文字，一方面为了记载这个古老民族的历史和神秘的传说故事，宣传仡佬族的古老文字；另一方面也展示了仡佬族人生活的环境，展示了世世代代的仡佬族人如何在乱石丛生的贫瘠土地上开荒种地，如何在石头旮旯里播撒生活的希望，艰难地延续着民族的血脉和文化。

仡佬族石头城

现代诗人李发模先生创作了一部仡佬族长篇叙事诗《呵嗬》（即呐喊）。全诗十章，5 000余行。故事从序诗“喊魂”开始，以明末万历年间的平播战役之后，改土归流，被逼进深山老林隐姓埋名的仡佬人山蛮一家和水妹母女被官吏强占山林土地，阴谋奸淫民妻、借礼教杀人逐步展开情节，男女主人公山蛮和水妹，二人在卫族保境，反压榨、逃追杀，历经“九九八十一难”，最终归于自然。全诗以二人神奇的爱情故事为主线，同时加入了“天机道人”“猎人与狗”等仡佬族神话、民俗、宗教内容，反映了仡佬族勤劳勇敢，热爱和平、不屈不挠、自强不息的精神，歌颂了仡佬族人民以山为魂、以水为魄，充满了智慧与灵性以及天地般宽广与豪迈的心灵，赞美了纯洁、坚贞而炽热的爱情。

知识链接 《呵嗬》以底层劳动人民的视角，较为系统地反映了一个民族的起源、历史事件、文明进程、地域文化、道德与宗教信仰、神话传说、图腾、风俗习惯、艺术与巫术等，无疑是史诗的一种新的演绎方式。长诗没有沿用通常史诗叙述英雄传说和重大历史事件的套路，而是抓住仡佬族以道家为思想主导的民族特性，更关注个人命运的去向和超脱。从平播战役中退隐深山的仡佬人最后归于自然等等“事件”中，我们可以看到仡佬人一直在步步退居，但被逼至无路可退时，仡佬人照样会奋起反抗，然而最终还是会选择归隐。《呵嗬》最终留给我们的还是一个充满悲剧色彩的民族剪影。仡佬族的粗犷豪迈而又儒雅智慧、勇敢坚强而又达观乐天等刚柔并济的性格通过人物、祖训、传说、宗教在这部史诗中都一一得到了体现。

《呵嗬》书影

第三章 山地民族的生活方式

仡佬族生活在具有独特的气候环境和生态条件的贵州高原，拥有古老的农耕习俗以及悠久的农业生产经历，是贵州这片神奇土地上开荒辟草的土著民族，他们是大山之子，重重大山是他们生活的家园，也阻碍着仡佬族与外界的交流来往，制约着仡佬族经济的发展，诚如吕思勉所言："水性使人通，山性使人塞。"然而，仡佬族人凭借勇于开拓、不屈不挠、坚忍不拔的山的意志和山的精神，发出了山地民族振聋发聩的呐喊，与世界重新见面。

刀耕火种

仡佬族人世世代代居住的地区，大多数都隐没于崇山峻岭之间，山高坡陡，处处是未开垦的荒地。过去，由于耕作条件的恶劣和生产工具的落后，仡佬族人常常在距村寨较远的地方实行刀耕火种，在离村寨较近的地方实行田园农耕，两种耕作方式并存。

古老原始的刀耕火种，是仡佬族农耕文化的一个重要组成部分。明代《黔中杂诗》中叙述了仡佬族人“耕山到处皆用火”。《宣德实录》中也有记载称：“贵州所辖地方，悉是蛮夷，刀耕火种……刀耕火种，子粒秕细，鲜有收获。”也就是以火烧之而播种的耕作方式，也称为“砍火烟”。砍火烟的主要季节通常是在农历的六月，这时候草木丰茂，气候干燥，砍下后用火烧，火势凶猛，能够使土地疏松肥沃。人们在这个时候把火烟砍后，到农历六月末七月初种上一季荞子，荞子里间种萝卜等其他越冬的蔬菜。这个季节砍火烟有几个好处：一是此时正值农闲，不会耽误田园里正常的农耕；二是此时开垦，以备第二年春天种玉米、豆

崇山峻岭

类等大季节农作物，在农忙时不误农时；三是这样种植，秋季与冬季的农作物收成都很好。有时候砍火烟也在春天进行，即砍即烧即种，这时候通常会种春夏季节播种的植物，如小谷、天仙米等等。这种现象一直沿袭到新中国成立前，甚至到20世纪50年代，还存在于部分偏远山区。

仡佬族妇女在丛林中挖土挖根熏肥土

仡佬族所居绝大部分地区为石山，土地稀少、贫瘠，农业生产受到很大的限制，他们的耕作器具显得古老和陈旧，为了适用于山坳石峡的“火石地”，坚固耐用，与平坦田坝地区其他民族的农具有一定的差别。

仡佬族的农耕生产技术受汉族人影响较早，汉朝“募豪民田西南夷”，将大批中原劳动人民和豪族地主迁入仡佬族先民居住的夜郎国地区进行屯垦，带来了先进的生产经验和生产技术，对仡佬族先民的社会生产力和耕作技术的提高起到了积极的促进作用。铁制农具开始大量用于生产。早期的犁、锄等生产工具十分

火石地

知识链接 **拖抬犁** 一种古老的犁，它伴随着仡佬族原始的刀耕火种而出现。砍火烟的第一季，因为土地被火烧后很疏松，人们只需要用锄头挖甚至直接用双手抠土便能种植。但是到了第二年第三年，土地变得越来越板实，需要用到牛犁耕作，然而耕牛对于许多穷苦的仡佬族人家来说属于奢侈品，而且在许多陡峭险峻的土地或者犄角旮旯里开垦的小块土地上也不适合使用牛耕，于是仡佬族人发明了这种独特的工具——“拖抬犁”。拖抬犁实际上就是以人代牛，两人一前一后，前边一人一只手紧握抬犁杆的前端，一只手反握住后边接近纤索的地方，用肩膀用力向前抵力，后一个人一手把犁铧，一手稳住犁杆，也用肩膀用力前抵，就这样前后齐力，两人一拖一抬翻转，因此而得名。

简陋，仡佬族先民正是使用这些简陋的工具“开荒辟草”，垦殖出大片的耕地和农田，为西南地区的开拓做出了巨大的贡献。随着生产力水平的提高，生产工具也逐步改进，仡佬族人也渐渐脱离了刀耕火种的原始耕作方式，而更多采取田园农耕。

生产工具

大致相似的自然地理特征造就了山地民族共同的生产环境和耕种条件，加之仡佬族长期与汉、苗、土家、彝等兄弟杂居共处，其生产工具大多数与当地兄弟民族所用几乎相同，尤其受汉族先进的农耕技术的影响较深。

简易的农具

犁

仡佬族常见的翻土农具主要是犁，仡佬语称为“瓦”，木制身架，铁制铧口，主件由犁底和犁箢以及铸造的铧铁组成，根据实际需要分为山铧和水铧，山铧木架犁底没有散板或散板较窄，铧铁呈等腰三角形，主要用来翻旱地泥土；水铧犁底有散板，用于翻犁水田，使泥饼顺滑。

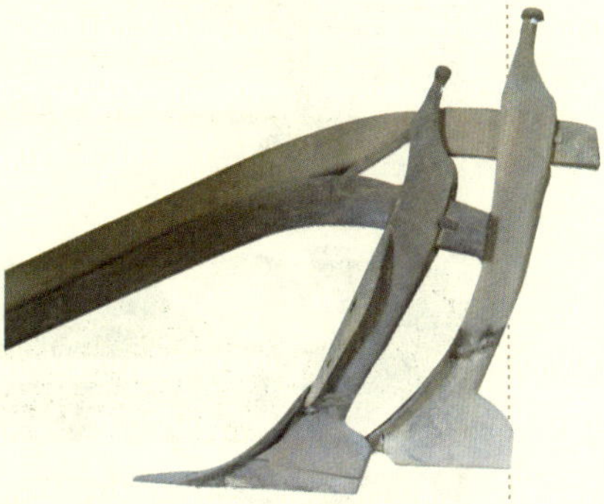

铁犁

锄

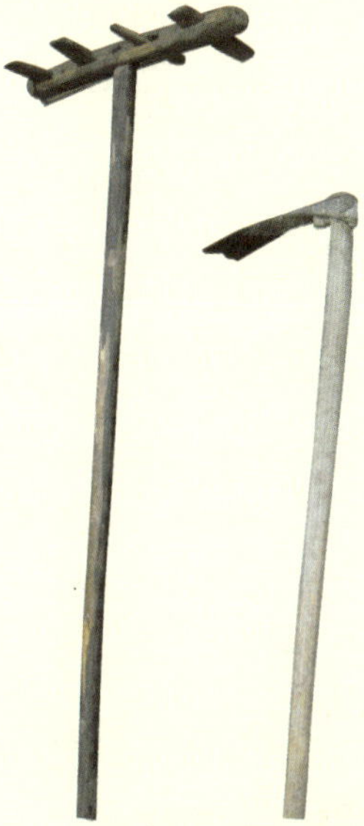

锄

还有锄，仡佬语称为“波”，一般由当地手工铁匠打制而成，以熟铁烧炉锻打制作，又根据不同的需要分为大锄、薅锄和耙梳。大锄主要用于翻土，其锄板长约尺许，刃口宽三四寸不等；薅锄的锄板前宽后窄，刃口通常较宽，五寸至一尺左右，有的呈扇形，有的呈“凸字靶影”形，主要用来除草、壅土、铲除田土埂坎、地表草皮；耙梳通常带有四个铁齿，并连套把，仡佬族人主要用它来抓泥，称为打“龙崩”。

摘刀

收割工具主要是摘刀，这种工具主要用来收割粳稻，后来，粳稻普遍被黏谷代替，摘刀也就逐渐淘汰，普遍使用镰刀割谷，普通镰刀长25厘米，刃宽5.5厘

磨

风簸

水车

米，木柄长36厘米，装上木把，通用于割稻、麦、苞谷秆、青草和茅草。

其他工具

仡佬族所用的生产工具在贵州农村都比较常见，与周围的其他民族较为相似。比如抗旱保苗的工具有龙骨车、水车、戽水篼、扯水筒等；收获贮存盛装的工具主要有挞斗、挡席、围席、软包箩、晒席、箩筐、撮箕、簸箕、风簸等；农产品加工的工具主要有水碾、碓、磨等。

蓑衣

此外，还有用来劳动护身的工具，最常见的要数棕制的蓑衣，有大蓑衣和蓑衣褡儿。贵州山区气候潮湿，所谓“天无三日晴”，常常出现阴雨连绵的天气，因此仡佬农人就制作了大蓑衣用于在田间地头干活时防雨，既可以有效保证不被细雨打湿衣服，又不妨碍正常的田间劳作。还有一种圆形尖顶的斗篷，是用丝篾穿编两层，中间夹一层皮纸，再喷上桐油制成，主要用来防晒和防雨。仡佬族农人常常需要背负重物行走几里山路，于是制作了蓑衣褡儿，一种矩形的负背，既有防雨

蓑衣

的作用，也可以在背重物时用来垫背防磨。类似的另一种用几层布衲成的环形罩肩，也称为垫肩，也是用于挑背重物时减少背系或扁担对肩膀的摩擦。

尽管生活环境艰苦，生产条件有限，坚忍不拔的仡佬族人始终以饱满的热情、勤劳的双手“与天斗，与地斗”，创造美好的生活。

开门见山

地理环境是交通设施的基础，仡佬族较集中的贵州地处我国西南云贵高原，属于典型的喀斯特地貌，水网密度大，侵蚀切割严重，以石林、峰丛、峰林和孤峰、溶沟和石芽为主要的地表形态。山高坡陡，峡谷深窄，流急滩险，垂直差异大，素有“八山一水一分田”之说。这样的地理环境，不仅仅对农业生产构成局限，对交通的制约，更属首当其冲。与平原地区的一马平川、一路坦途形成鲜明的对比，仡佬族人生活的地区常常是“开门见山”，沟壑纵横，因此车到山前却未必有路，崎岖陡峭的地形成为仡佬族人与外界往来的最大障碍。

高山深涧

传统交通工具

在长期与山地的共处中，仡佬族人创造出了丰富多样的行旅方式，山路十八弯在仡佬族地区十分常见，为了应付坡度较大的陡峭地形，就需要绕山铺路，以减小坡度，增加了距离但有效节省了力气。在较为平缓的坡面，通常是直接凿石子铺石阶路，从山脚一直到山顶，便于人们拾级而上又稳固防滑。山区多河谷、沟壑，居住在两个山头的人们，喊话即应，却可望而不可即，若要相互串门来往，往往需要走上半日的路程，所谓的“望山跑死马”。于是，在仡佬族地区，索桥、溜索等交通设施也随处可见，为了使近在咫尺的河谷两岸变为通途。

深谷上的索桥

20世纪50年代以前，居住在大山深处的仡佬族人，与外界的交通运输全凭人力。主要使用传统的运输工具，如独轮手推车、扁担、背架等。独轮手推车适用于较为宽阔平坦的大道上的运输，更多的时候，需要走山间小路，爬坡上坎，则只能依靠人背。于是出现了各式各样形状各异，大小不一的背篼。这些背篼通常都是仡佬族人用竹编制而成，用粗细不等的篾条或篾丝，编织出形状花纹各异，疏密也各不相同的背篼，可以满足日常生活中各种不同的需要，各得其所。主要有“花背崽”“双蹬背”“稀篾背”“篾背匣”等。

“背佬二”

背的木桶

仡佬族还有一种特制的所谓“背佬二背篼”，专门用于长途运输粮食等物品。这种背篼呈长圆柱形，直径为1尺左右，高3尺许，背起来很省力。另外还有用木料做的“高架子”“木背桶”等。在崎岖陡峭的山路上，仡佬族人用一个半身高的背架，把需要运输的物品绑在背架上，再用带子套在肩上背着，日行几十里山路，艰难跋涉，这样的场景随处可见。人们把这种长途运输的力夫称为“背佬二”“脚仔”“脚户哥”等。这些“背佬二”主要是将山里仡佬族人生产的粮食、棉花、芝麻、生漆（浆子）、桐油等土特产以及一些名贵中草药运往大山外面的市场上，换回食盐、布匹等生活用品或必需的生产资料。

“背佬二”常常是合伙结伴而行，并有专门的带头人，途中若有人遇上困难，或者受到外来的侵犯，大家会群起相帮。由于山高路遥，他们外出往返一次，行走数百里地，往往就是十天半月。

在漫长而充满荆棘的年月里，在那陡峭而蜿蜒曲折的山路上，一个个背夫、挑夫、抬夫，用他们那双沉重的脚板，坚实的腰背，铁一样坚忍不拔的意志，负着沉重的货物，下四川、走广西、去云南……春去秋来，走南闯北，与外界贸易往来，互通有无，保持联系，一代又一代。

“挑子”

贵州地区一向不产盐，食盐全由川盐供应。清末以来，川盐经过仁怀、綦江分销到黔西、黔北仡佬族地区，再由遵义及其附近的鸭溪镇转运，销往安顺、贵阳一带的仡佬族农村。在长期垄断食盐销售过程中，一些较大的盐号相继出现，有的通过官商勾结，成为全省最大的盐业“捆商”。1937年以后，华北、华东相继沦陷，两淮地区的盐务局迁到贵阳，设立了贵州盐务局，独占了全省食盐的运销。他们任意抬高盐价，以致市场上出现“斗米斤盐”的现象，各民族百姓无力购买食盐，有“吃盐当过年”的说法。而在当时的农村地区，食盐的运输几乎全赖人力的驮运。遵义平正乡的仡佬族，便经常为盐栈背运食盐。在黔北务川、道真、正安、思南一带的仡佬族，所需食盐也主要依靠人背马驮从涪岸的沿河、江口等地运来。因此，仡佬族民间出现了许多“挑子”“驮子”“背子”等驮运食盐的劳工。他们每次都要负重一百多斤，跋山涉水，来回奔波，十分艰辛。当时有歌词唱道：

盐巴出在永宁城，盐业老板害死人，
驮死多少壮烈马，害死多少英雄人。

直到20世纪50年代，务川、道真等县城修起了公路，通了汽车，才大大减轻了脚夫们长途跋涉之劳，但仡佬山区的群众出行仍然十分困难。如今，在改革开放春风的沐浴下，仡佬族地区的交通条件早已发生了翻天覆地的变化，各地实现了村村通公路，不少地区还修通了铁路、高速公路，仡佬族人与外界的交往越来越密切和便利，交通的改善也大大改变了仡佬族地区社会经济的面貌。

依山而居

贵州高原不仅山形险峻，道路崎岖，且属于中亚热带湿润季风气候，雨量充沛，湿度较大，对仡佬族人的居住方式也是一种考验。仡佬族人在长期的生活实践中，充分利用已有的资源，发挥自己的聪明才智，创造了具有自身特色的民居住宅，以适应环境所需。

仡佬族地区大都盛产木材，因此仡佬族的房屋全由木制构成，通常依树、依山、依地而建，具有防虫防潮、采光充足、通风良好等特点。在漫长的历史长河中，不同时期、不同地区，仡佬族的居住习俗也不尽相同，并处于不断的演变和发展过程中，其中一些独特的风格仍然保存至今。

常见的房屋形式主要有干栏棚、千根柱头落脚、三角形住宅、拱形住宅、木结构住宅。

干栏棚

干栏式房屋

干栏式建筑是南方许多少数民族较为常见的建筑形式。早期仡佬族人民居建筑以干栏棚为主，根据史书的记载，我们可以看到这种建筑形式的特点，以及其变化发展过程。《魏书》中记载，仡佬族的先民僚人“依树积木，以居其上，名曰‘干栏’，干栏大小随其家口之数”。这里所谓干栏是早期较为原始的建筑形式，即依靠着大树搭置木排，人居住在天然树荫和木排之间。杜佑的《通典》中记载道，仡佬族的先民僚人所居住的地方多山，有毒草、蚊虫和蝮蛇等危害人类的生物，所以“人并楼居，登梯而上，号为‘干栏’”。由此可以推断，到唐朝的时候，仡佬族的干栏住房已由依树积木发展成为能够防潮防虫蛇的楼房。南宋《溪蛮丛笑》中记载：

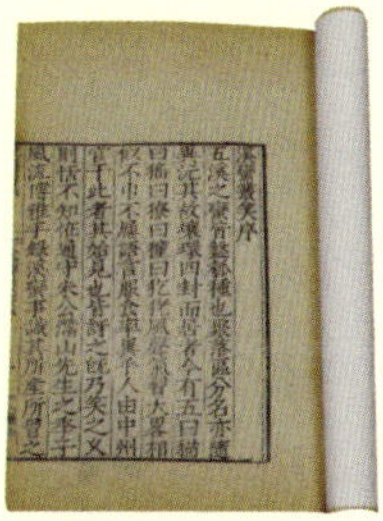

《溪蛮丛笑》书影

仡佬以鬼禁，所居不着地，虽酋长之富，屋宇之多，亦去地数尺，以巨木排比，如省民羊栅，叶覆屋者，名曰羊栖。

可见，人们将干栏棚从树上移至平地，在地面上打木桩，桩上再用巨木铺排，房顶为人字形支架结构，用茅草或树皮盖顶，更加舒适而结实。而依树积木的干栏棚，便不再用于住人，大多数用作人们看守庄稼时的临时居所。仡佬族人看守庄稼，主要是为了防野猪的破坏，因此，这种原始而简易的干栏棚，又被叫作“野猪棚子”。如今，打桩铺排的干栏房屋，在仡佬族的聚居区仍然可以见到。

千根柱头落脚

“千根柱头落脚”，其特点是以树为柱，或者打桩为柱，四根柱子两高两矮，钉上横梁铺木板或竹片形成一面水的房顶，再盖上茅草或杉树皮，四周以圆竹或细木或苞谷秆加上夹板作壁，因为细木、圆竹、苞谷秆成百上千，犹如千根柱头落脚，因此而得名。这种民居也可以在四根柱子上搭建人字形屋顶，外观上看，与楼房相似，还可以依地形建成三角形。

三角形住宅

三角形住宅是一种结构简单，造型独特的建筑形式。一般需要后靠土坎或石墙，也可靠大树，或者在几棵树上悬空。通常只需二柱一梁，两柱交叉成三角形，梁在两柱交叉的点上向后斜拖至后靠之地，又被形象地叫做“拖尾巴茅叉屋”。主体建筑由三个三角形组成，梁、柱、地形成的两个三角形斜联一体，构成屋面和墙身，另一个三角由两柱形成，作为进出的门，也是通风采光的窗。三角形住宅如今已不用于住人，多用于堆放杂物或作简易的厕所。由于常常是用来堆放用于农业生产用的草木灰，仡佬族人给它起了个有趣的名字，叫它“灰厂棚棚”。

拱形住宅

仡佬族的先民们为了生存和迁居方便，在三角形住宅的基础上，利用弓的原理，创造了拱形住宅。拱形住宅主体建筑的底座为6根方形木料结构而成的长方形，形状似床。上部建筑只需4根韧性材料（如竹）加工成薄片，用两根制成内拱，用来支撑墙身和屋面的建筑材料，另外两根制成外拱，用来固定墙身和屋面的建筑材料。墙身和屋面的建筑材料以轻薄为标准，通常就地取材，常见的有棕叶、树皮，或篾条编织的薄席。单人拱形住宅通常较低，面积小，往往满足不了一个家庭的需要，于是人们将两榀拱形屋面和墙身，经过折叠拼装形成较大的拱形住宅。现在，这种住宅早已不用于家居，由于它便于搬迁，满足了流动养鸭人的需要，于是专供流动养鸭人使用，又得名“鸭篷子”。

木结构住宅

木结构住宅结合了三角形住宅的稳定性和拱形建筑有地梁的特点，是仡佬族最常见的建筑形式。木结构住宅根据各户的情况

佐佬族房屋

类型较多，屋面多呈人字形，可两面排水，底部用川排连接。其墙体、楼地面均用木板装封，屋顶是青瓦覆盖。木结构住宅一般为四列三间，中间是堂屋，用来供奉祖先、神灵，或祭祀和接待客人。其余两间通常是卧房和厨房。中间堂屋比两边的房间要凹进去1.5米左右，形成厅口，正中两扇大门内开，有的人家会装两扇半木栅栏门外开。木结构住宅的屋基一般高出四周一尺以上，地落檐的四周有二尺以上宽的阶檐，屋内屋外高矮有别，室内室外区分明显，既防水防潮又通风保暖。

仡佬族房屋

由于仡佬族与汉、苗、彝等兄弟民族杂居共处，建筑形式也受到其他民族的影响。随着时代的进程、环境影响、社会的进步，仡佬族居住习惯和房屋形式也在不断发生改变。由于仡佬族在生存和发展中经历了许多艰难的发展历程，至今保留可见的古建筑已为数不多了。

随着社会主义新农村建设和农村现代化进程的深入，大山深处的仡佬族山乡也建起整齐美观的新居。比如务川仡佬族苗族自治县，为了响应“四在农家·美丽乡村”建设的号召，在仡佬族新居的设计上颇费心思，房顶、墙体、柱子、窗户、吊瓜吊栏以及门的装饰，处处突显出仡佬族的民族元素。房顶中央是代表仡

务川大坪镇仡佬族元素新居

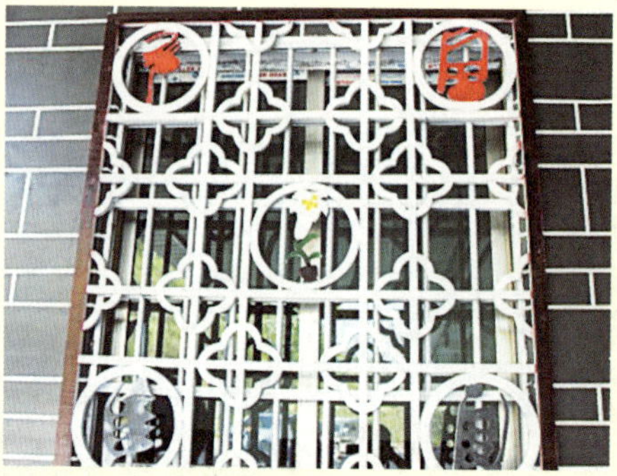

窗户上的大贰字符

门上神鹰抱葫芦图案

佬族文化理念的“和合”标志，左右两侧镶嵌着飞鸽，尤其引人注目的是大贰字符对联：拾、捌、柒、陆，寓意天地人和；门上有神鹰抱葫芦和竹子的图案，既是仡佬族人的图腾信仰，又谐音“祝福”，同时带有多子多福的美好寓意。这些都展示了仡佬族倡导的和合文化，象征了和谐、包容、开放、创新的理念。

靠山吃山

俗话说靠山吃山，靠海吃海，生活在深山大泽，从远古一路开荒辟草走到今天的古老民族，与之生存息息相关的饮食文化，也无一不折射出山的特色，山的品格，山的精神，粗犷务实而又不乏细腻，兼收并蓄而又不失个性。

仡佬族农家灶台一角

仡佬族是典型的山地民族，主要分布于云贵高原东部，海拔在一千米以上，山多田少，山地主产苞谷、高粱、洋芋、荞子等作物。平坝地区主产的大米、小麦对于山区的仡佬族来说是十分珍贵的。他们只能靠山吃山，山尽其利，取之于山，食之于山。平常日子里吃得简单，一般农忙季节一日三餐，农闲时则一日两餐。逢年过节、婚丧嫁娶、建房造屋或有好收成的时候，便有丰盛的宴席。

仡佬族人饮食虽注重务实却也不缺讲究，并且广泛吸纳，善于创新，创造了丰富而独特的传统饮食文化。

食

金银饭

金银饭 由于山区石多田少，主产的玉米、大米尤为珍贵，仡佬族人便将玉米和大米混吃，加工成两造饭。即以玉米面为主，掺上部分大米一起蒸熟。虽然看似简单，但两造饭从原料的选择到制作过程都有一定的要求。在每年的秋收时节，便选择颗粒饱满的玉米和稻谷，晒干后进行储藏，食用时将玉米和稻谷加工成苞谷面和大米备用。两造饭制作时，先将大米煮成半熟，过滤米汤，放在甑子里蒸到一定火候；再用适量水混匀玉米面放在大米上，待玉米面蒸熟后，用特制的长筷子将玉米面和大米搅拌均匀，蒸上片刻，鲜美可口的两造饭便热腾腾地呈现出来，黄灿灿的玉米和珍珠般洁白的大米交相辉映，十分好看，因此又称之为“金银饭”。如今，随着社会经济的快速发展，人民生活水平的改善，仡佬族地区的人们也早已不再缺衣少粮，但人们仍然常常用玉米面掺和大米做饭，并且这种天然营养的两造饭已逐渐作为一种健康美食为许多都市人所追捧。

糍粑 和许多南方民族一样，仡佬族也喜欢打糍粑。不仅仅平时喜食，逢年过节也不可缺少，每逢春节、端阳节、吃新节和重阳节，家家户户都打糍粑，自己食用或者宴请亲朋，俗话说“端阳打粑送亲家，重阳打粑封龙口，谷熟打粑献新人”，“重阳不打粑，婆娘不归家”。过春节时，家家户户要打一个很大的糍粑，通常会用上一升或几升糯米，用簸箕或方木盘盛上，供奉祖先，供奉三天后，自己再食用。另外在各种祭祀仪式上，糍粑也是必不可少的祭品，祭祀用的糍粑，讲究品种齐全，规格各异，

仡佬族打糍粑

大的直径约两尺，小的约两寸，祭祀完以后即可食用。每到农历七八月早稻成熟时，仡佬族人要过吃新节，感谢天地、祖先、神灵的保佑，喜庆丰收。吃新节上，糍粑也是用于祭祀和供大伙儿庆祝食用的主角。

知识链接 **灰团粑** 看似平常的食物在仡佬族人家可以做得千变万化。比如道真仡佬族人过年时的灰团粑，便颇具特色，堪称节日佳品。灰团粑的制作程序独特而复杂，先将干净糯谷草烧成草灰，放入事先垫好棕片或细白纱布的筲箕里，然后移到木桶或锅盆上，用开水冲灰，让灰水漏入木桶或锅、盆里。待灰水冷却以后，再将淘好的大米放入灰水中，浸泡一小时左右，用小石磨磨成米浆，放入锅里煮。煮到半熟即可，待半熟的米浆冷却，不烫手时，捏成团粑，放入锅中用大火蒸透，再取出晾干。灰团粑通常不直接食用，要先切成薄片，放入油锅里快炸，并加入其他作料再食用。

灰豆腐果

灰豆腐果 仡佬族还有很多实在而独特的菜肴，比如灰豆腐果，是道真、务川、正安等地仡佬族的一大特色食品。传说过去仡佬族人生活贫苦，炒豆腐时缺少油，于是就改用草木灰来炒豆腐，竟然做出了一种别具风格的豆腐制品，也由此而得名灰豆腐果。灰豆腐果以黄豆为原料，先做成约3寸长、1寸厚的鲜嫩豆腐块，均匀地铺在席板上，然后用干净的桐壳灰、柴灰或草木灰覆盖24小时后，放入一口大锅与柏香灰一起翻炒，直到豆腐条膨胀，中间呈现蜂窝状。再筛去柏香灰，就制成了灰豆腐果。看上去其貌不扬，却口感独特，味道十分可口，既可以单独食用，也可与其他食品一道炖、炒，成为雅俗共赏的一道美食。独特的加工工艺，使灰豆腐果得到越来越多人的喜爱，在道真、务川等地已将其作为仡佬族特色食品开发，远近闻名。

夹沙肉 夹沙肉也是仡佬族人十分喜爱的美味佳肴。选用上等肥肉煮成半熟，切成联皮的两片。将花生、核桃、芝麻仁、酥麻等油炸后捣成细碎状，加上适量的白糖等作料搅拌均匀作馅。将馅填充于肥肉的夹层，蒸熟后便成为一道独特而诱人的大菜。夹沙肉肉质脆嫩，肥而不腻，香甜可口，风味独特，是仡佬族逢年过节、红白喜事、祭奠祖先、“三幺台”招待贵客的佳肴。

胖辣椒 仡佬族人对食物的创意是无限的，比如胖辣椒。这种辣椒吃法是近年来进入仡佬族节日宴席的一道特色菜。其制作方法是，选用较大的红辣椒或青辣椒，用刀从中间划破，将辣椒内的籽取出来，再放入糯米面（或加入少量的大米面、玉米面），直至辣椒变得饱满。在米面中事先要放入盐、姜粉、花椒粉等作料，然后装入坛子里倒立放于装有水的容器中腌制15天左右即可食用，食用时可蒸煮后用油炸，也可直接蒸煮，其颜色鲜艳、红润、酸辣可口。由于辣椒里放入了米面，显得鼓鼓的，饱满而均匀，因此有了一个可爱的名字——胖辣椒。

胖辣椒

菜豆花 再比如菜豆花，仡佬族地区豆类菜制作的品种很多样，尤以菜豆花独具风味。菜豆花又名水豆花。取黄豆为原料，温水浸泡后用石磨推碾成豆浆，放入锅中煮沸，再将萝卜、青菜或白菜菜叶切成细丝，放入煮沸的豆浆中一同

菜豆花

煮。待白菜或青菜菜叶煮熟后，慢慢放入少量胆巴水。豆浆与胆巴发生化学反应，逐渐产生胶状物，使豆浆与菜一同沉淀成块，因此得名“菜豆花”。菜豆花食用时通常用辣椒水做蘸料，十分有味。还可以将菜豆花存放一天待其发酸后用油炒着吃，叫作炒酸菜豆花。

酥食 仡佬族传统节日食品，是仡佬族人待客“三幺台”中主要食品之一。每逢过年、婚喜、寿庆时，仡佬族人都会置办酥食自己食用和招待亲朋好友。酥食制作的方法是：选用上等糯米用水浸泡，滤干，用毛巾盖上放一定时间，放入铁锅内用河砂炒干，炒干的米用磨推成米面。选用蜂蜜、花生、芝麻、桂花、白糖等原料，按比例配制，用作包心。原料配齐后，将米面放入梨木雕刻成的多种图案板上制作，加上包心，压制成各种形状，再放在蒸锅上蒸一两分钟，火候掌握好。按此制作的酥食，图案形态各异，色质洁白亮丽，口感香甜酥软，十分受欢迎。

酥食 ▶

麻饼 仡佬族先民具有悠久的麻饼制作历史，早在宋代时就有生产，并沿袭至今，成为仡佬族传统节日食品，也是待客习俗“三幺台”中主要食品之一。麻饼制作方法：先将糯米浸泡，蒸熟，晒成阴米，用碓将阴米舂扁晒干，用河砂炒成米籽。将炒泡的米籽和按一定比例配兑的麻糖（麦芽糖）、花生米、核桃仁、芝麻、酥麻、白砂糖等原料，用一盆盛上，充分搅拌均匀，然后用专制的麻饼箱压制而成。制作时，还可以用食用颜料将麻饼压制成福禄寿喜等字样，压好后，将其切成长方薄片，以方便食用。每逢春节，仡佬族家庭几乎都要制作5~10公斤的麻饼，或自己食用，或送礼待客。

饮

饮食文化，除了“食”，“饮”也是仡佬族人十分讲究的生活内容。

油茶 仡佬族油茶是一种独特的饮品。许多少数民族都有喝油茶的习俗，做法却都不尽相同。仡佬族地区大都盛产茶叶，以绿茶为主，除了培植的家茶外，还有野生的大树茶（苦丁茶）、藤茶和老鹰茶，因此仡佬族人酷爱饮茶，有“一天可不吃饭，但不可不饮茶”的说法。其具体制作方法是：将大米、黄豆、花生、芝麻等，放到铁锅里翻炒，再放入猪油或菜油、花生油，待油滚沸后，将炒好的茶米放入锅内，同时放入适量粗茶叶（小茶树上的老茶叶），加入少量水一起焖煮半小时左右，用特制木瓢熬压，待油茶有一定黏稠度，再掺入足够的水煮好后即可食用。这种方法熬成的油茶，看似平凡无奇，却香气扑鼻，味道鲜美，稠而不黏，油而不腻，既能开胃，还有提神醒脑的作用。农人们下地劳作十分辛苦，常常会喝上两碗油茶，便会精力充沛，干活有力，又被称为“干劲汤”。油茶食用常常还有佐餐的“茶食”，如麻饼、酥食、米花、花生、荷包蛋等。油茶有着厚重的文化历史底蕴，曾有诗人赞油茶：“人情厚薄何处看，看他多少酽油茶。”

油茶

知识链接 在道真、务川等仡佬族聚居地，流行着一种特殊的饮茶传说，相传在上千年前，仡佬族先民们开辟荒草求生存，常常饥饿难忍，一天，一位仙女下凡路过此地，指点饥民们采摘山间绿油油的茶尖，放入口中嚼细咽下，吃后不仅能暂时充饥，还有先苦、后甜、再香的奇特口味。随着时代的推移，仡佬族人把这种茶和其他食物一起烹煮，称之为油茶。

酒 除了爱饮茶，仡佬族人特别擅长酿酒，其中咂酒的酿制和饮法最具民族特色。在新中国成立五十周年之际，中国邮政发行的56个民族纪念邮票，其中仡佬族这一枚邮票上就是咂酒的图案。咂酒又叫钩藤酒、竿儿酒或爬坡酒。清末李宗昉在《黔记》中有介绍：

咂酒，一名重阳酒，以九月贮米于瓮而成，他日味劣，以草塞瓶颈，临饮注水平口。以通节小竹，插草内吸之，视水容若干，徵饮量。

《遵义府志·艺文》也有记载，查慎行咏云：

邮票中的仡佬族

蜜酒钩藤名，乾糟满瓮城。
茅柴输更薄，桐酩较差清。
暗露悬壶滴，幽泉借竹行。
殊方生计拙，一醉费经营。

其酿制方法是：用糯谷、玉米、小米或小麦、高粱等掺和，蒸熟，稍冷拌以酒釉发酵，喷少量水而装缸封存，封存时间越长，酒味越醇浓。装缸时颇有讲究，用两小竹竿，上端留出一节，其余全打通，插入缸中，密封缸口。待饮用时，将顶端节子打空，一竿进空气，一竿作饮具，边饮边掺入冷开水或清凉山泉。由于饮者直接用竹管吮吸，故称为“咂酒”。

咂酒色泽黄亮，味道甘冽而醇厚，还能够增进食欲，消除疲劳。咂酒一般要在喜庆日子饮用，老幼男女欢聚一堂，依次吸吮，气氛热烈。民间传说太平天国翼王石达开在黔西、黔北一带喝了一口咂酒，留下了“万颗明珠一瓮收，君王到此亦低头。五

舞台表演——咂酒

岳抱住擎天柱，吸得黄河水倒流”的赞叹。

“夫礼之初，始于饮食。”饮食习俗作为一种文化的传承，不仅仅是表面上的吃吃喝喝，常常从另一个侧面展现了一个民族的精神和文化特征。勤劳善良的仡佬族人，充分利用有限的资源和无限的智慧，融合了汉文化和其他民族文化的精华，把普通的食材做出独具特色的美食，形成了自己丰富的饮食文化，也使大山深处的日子过得有滋有味。

第四章
仡佬族的传统文化

文化是一个民族的灵魂。作为一个历史悠久的民族，仡佬族的传统文化是厚重而丰富的，而特殊的地理区位和历史背景，使仡佬族主要聚居区自古以来就是汉文化通向贵州的门户，受汉文化影响的程度很深，又以不同的形式保留和传承着自己的一些传统。仡佬族崇尚教育，有极深厚的国学教育，较为完整地保留了傩戏与傩文化这一戏剧中的“活化石”。此外还有独特的民间医药文化、传统手工艺以及别开生面的传统体育活动，比如“打竹绣球”、高台舞狮等，保存至今，并得到了较好的继承和发扬。

文化是一个民族的灵魂。在很多人眼里，仡佬族是一支几近“消失”的民族，其传统文化早已不突出，即使有人能够想到打牙习俗、吃新节等与之有关的文化内容，也往往归之于历史与记忆之中。然而，一个民族的记忆是很难消亡的，仡佬族在漫长的历史岁月中形成了独特的文化形式和思维模式，至今仍然影响着仡佬族人的生产生活，其丰富的文化内容在今天人们的日常生产生活中依然处处见其踪影。全球化和现代性的后果也不会必然导致传统的终结。事实上，在那些具有所谓“活化石”意义的民族传统文化大量流失消亡的同时，有相当一部分人却正在自觉或不自觉地进行着传统文化的重构。仡佬族的许多传统文化也在这种重构中渐渐回归人们的视线。

崇尚教育的民族

教育不仅是对子孙后代的哺育和培养，更是一个民族传承和进步的关键因素。仡佬族自古以来就十分重视教育。过去，一个大家族，首先注重的就是对族人行为的规范，尤其是对年幼子弟的教育。子弟的贤德能干，直接关乎整个家族的荣辱与盛衰。一个品行恶劣、作风不正的人在家族中是很不受欢迎的，人们首先会责难其父兄管教不严，并以家法族规严格教育，仍然不思改过，继续放浪不羁的，族人们甚至将其送官府处置。而对于资质聪明的小孩，家族会延请老师用心调教，期许其成才。志向高远的年轻人如要外出游学，整个家族都会鼎力相助，期待他们能够学业有成，光宗耀祖。

传统国学教育的兴盛

仡佬族地区的国学教育有着很长的历史渊源，可以追溯到距今约2000年前的东汉末期。有一位叫尹珍的人，从仡佬族聚居区来到中原河南，求学于当时著名的文字学家、经学家许慎，学成后回到故乡，在乡里传授知识，于是南域（即今贵州）开始有了国学教育。《后汉书·南蛮西南夷列传》中记载了这件事：

桓帝时，郡人尹珍自以生于荒裔，不知礼义，乃从汝南许

知识链接 尹珍，字道真，毋敛人（今贵州三都县一带）。今天贵州省道真仡佬族苗族自治县的县名“道真”二字，就取自这位东汉时期学者尹珍的字。

正安尹珍博物馆

慎、应奉受经书图纬，学成，还乡里教授，于是南域始有学焉。

由于受汉文化的影响较早较深，对仡佬族子弟来说，进私塾识字习文是最常见的教育方式。私塾通常有几种形式，一种是塾师专馆，即考中秀才、举人或贡生的读书人回乡办学，设学馆招学生；另一种是族馆，即一大家族中自设学馆，延请老师教授族内子弟读书，教师的工资从家族族田租谷中支出；还有一种叫散馆，主要由有钱人家负责，延请教师选择地址设立学馆，吸收附近的适龄儿童入学，由学生家长联合支付教师的工资。这种私塾的办学形式在个别边远的仡佬族山区一直沿袭到1962年。

仡佬族私塾使用的教材也和汉族地区几乎相同，以《三字经》《百家姓》《千字文》《增广贤文》等为启蒙，先识字写字。接着学习“四书”“五经”、《声律启蒙》等，学应对、作诗、作文，直到学会做八股文章，以便参加全国的科举考试。

从明清到民国，黔北仡佬族地区由于私塾教育的文化传播，培养了一批仡佬族文化人。这些文人名士都认识到教育对于一个民族发展的重要意义，纷纷捐资办学，为家乡民族教育事业的发展做出卓越的贡献。如清朝乾隆十八年（1753），道真县仡佬族人韩之显考中乡试第一名解元，随后在当地设馆教化乡民；又如正安县的冯辅元，也是一位从地方私塾教育中脱颖而出的仡佬族文人，21岁赴省城书院学习，随后任镇宁州府知县，目睹了官场的积弊，他认为官场的腐败皆因文化奇缺、民愚官蠢所致，于是上任仅两年便辞官返乡，在珍州地区大力提倡办学，劝民读书；再如石阡县著名的教育家成启宇先生，倾其家资，在家乡创办小学，并终生奉献于文化教育事业上，为石阡县教育的发展、文物的保护、县志的编修等做出了一定的贡献。

族规、家规

在仡佬族的传统教育中，制定族规、家规用以规范家庭成员日常生活中的一言一行，教导子女积极向善，是最常见的一种教育形式。尤其在黔北仡佬族地区，学者们调查收集到许多仡佬族的《族规》《家规》《家训》《家戒》，有的手书于族谱，有的镌刻于宗祠或墓碑，有的刊印于谱书，让人们时时处处领受敬祖宗、孝父母、友兄弟、敬尊长、睦宗族、和乡邻、正闺门、训子弟、勤职业、崇节俭、培风水、兴义学、远邪诬、遏淫酗、抑骄奢、绝赌博、禁迁葬、息争讼、远凶暴、惩游堕、正嫁娶、杜口孽、惩盗贼等规范和教诲。如有违背者，以家法加以惩治，对怙恶不悛的人，将其从宗族中除名，并交给官府论处。

如《韩氏仡佬族族谱》中有家训七则：即敦孝敬、笃恩谊、兴礼教、肃闺门、勤本业、崇节俭、慎交友七条。其具体的规定也很详细，如“崇节俭”条要求：

凡居家，当安贫守分。房屋取其内外严明，勿求雕饰。衣服日用，取其整洁，勿求华美。饮食取其充口，勿求旨甘。凡交际馈送，不得因情尽文，以文过情。每见世之溺爱子弟者，多于襁褓中，衣以文绣，食以肥甘，任意所欲，养成骄奢之性，后来倾家业，皆由于此。

孝敬父母、兄友弟恭、尊师重教、言行有方、勤俭节约等内容已经成为仡佬族人内化于心、外化于行的美德，体现出积极的传统价值观和道德准则，不仅对子弟的教育发挥着重要作用，也有效维护了地方的稳定与和谐。

仡佬族家训通常由全族成年人聚集在一起，一同公议，禀州批示，各尽其道。各族家训表达的内容大致相同，但形式却各有所异，比如平模镇仡佬坪村仡佬族《庞氏家训》条规，多以诗歌的形式来表述，押韵爽口，易读易记。

议立十诫

一戒犯上作乱，二戒里勾外伙。
三戒以大欺小，四戒为亲拨友。
五戒因仇暗害，六戒好色乱伦。
七戒倚富压贫，八戒唆使争讼。

九戒不敬长上，十诫不和宗族。

再戒引盗入贼，再戒妄造谣歌。

以上戒款，不可侵犯，倘有犯此条者，被人拿获，拘在宗祠，询其家法，就地整饬，业罚宗庙，以作焚献。倘犯罪甚重者，将犯捆绑，具帖禀公，官律究治，绝勿宽容，此系自甘坐罪。

慎言语

所谓言语者，能兴邦，或成或败，或是或非，俱由一言也。愿吾族以慎之，即勿犯上，而自和族也。

诗云：

人生世上言如波，或浮彼岸或中河。

一言能把秋风避，何畏长江白浪过。

歌曰：

云倚青天言倚人，休把浮言作原评。

言为风，空作浪，细心一片加立人。

自然不罪亲和友，焉能犯上少品行。

论财帛

钱、钱，内方外圆，一乃国家宝，一为庶民田。有了你，东谋西就，万事能全。无了你，用出许多心计，受尽无数煎熬。富豪人家有了你，就建房置产，无边安然。贫贱人家有了你，反受磨贱，反作颠连。算起来，万事由命，何必苦苦贪钱。惟愿得我族等，公平梗概，切莫乱巧心田。即或公事力办，修宗合族，恳冀功满果圆。厚祖宗焚献，不可私心苟完。倘有亏空祭献，查出加倍填还，惟愿公心执掌，自然光华永远，富贵长绵。

言传身教

更多时候，仡佬族大众的文化教育是通过在长期生活劳动中由长辈们的言传身教而传播的。孩子呱呱坠地，新的生命来到一个家庭，最早和最直接的教育方式便是父母的言传身教。通常，女孩在母亲的教育和影响下学习扫地、做饭、纺纱、织布等家务劳动和手工劳动，男孩则跟随父亲上山割草、砍柴，去地里干农活儿。平时，父母或长辈们有意识的指导和无意识的言谈，都对子女的成长有很大影响，孩子们开始慢慢了解家庭成员、亲戚和邻里之间的关系，知道如何称呼他们，学会了普通的生活知识和行为准则。

许多通俗易懂、朗朗上口的谚语，常常被长辈们挂在嘴边，随时随地向孩子们传递为人做事的道理。如“早起早起，粮仓堆米”，“一天省一口，一年省一斗”，“细小偷针，长大偷牛”。道真县有一户邓姓仡佬族人家中珍藏着一张白布手巾，青丝线绣的花边，中间绣着一颗方印和一首诗，诗曰：“少小宜勤学，文章可立身。满朝朱子贵，尽是读书人。”可见仡佬族重视教育。

此外，日常生活中的各种仪式、唱词中也包含着大量教导子女的内容。仡佬族人重亲情、重礼仪，以孝为先，在仡佬族古歌中的“丧葬歌”就有规劝子女孝敬父母的唱段，这些歌词是在丧葬仪式中由巫师说唱的，却是以非常朴素直白的语言来教育后人，培养尊老敬老的道德礼节。

傩戏与傩文化

傩戏与仡佬族

“傩”乃人避其难之谓，意为“惊驱疫疠之鬼”。傩文化在生命意识上满足了人们的心理要求。随着历史的推进，傩文化又不断吸纳不同时代、不同地域和不同民族的文化，流传范围十分广阔，涉及生活的方方面面，已深深融入了许多民族的文化与习俗之中。

王国维先生认为，戏剧的起源多出自巫术，与宗教活动有关。傩戏就是一个很好的例证。

知识链接 傩戏，也称傩舞、脸壳戏，是一种古朴的戏剧艺术，有“戏剧活化石”之称。傩戏属于巫、佛两教，信奉张大师、释迦牟尼，历史上有宫廷傩、民间傩、军傩和寺院傩等形式。傩戏的程序复杂，内容繁多，涉及面广，有打保福、冲傩、阳戏、梓潼戏、打财神等。

我国是一个傩戏发达的国家，然而，由于种种原因，黄河两岸、大江南北的傩文化已渐渐衰落，而在黔北仡佬族广大地区，

2005年中日美学者"道真傩文化"座谈会会场

这种古老的文化形式在各种文化的冲击、融合、跌宕起伏过程中完整地保存了下来，且极具特色，至今仍在民间广泛流传。

傩文化古籍

傩戏大约在元明时期传入仡佬族地区，距今已六七百年的历史。仡佬族傩文化博大精深，在大量吸收外来因素的同时又保存着浓郁的地方特色，表现形式丰富，内涵深厚，深入人心。仡佬族人家凡是有庆寿、立房、生子、嫁娶等大事喜事时，都会请来傩戏表演，有的甚至通宵达旦表演，不仅增强了仪式性，也能让客人观戏，所以又叫"铺盖戏"或"还欢喜菩萨"。傩戏表演是整个村寨中的一件大事，四邻五舍、亲朋好友都会前来祝贺或参与帮忙。

冲傩还愿

在傩戏中，冲傩是一种更具有仪式性、目的性的法事活动，需要有人请才开戏。"冲傩还愿"涉及的内容十分广泛，大致有三种情况：家宅不宁、人畜不旺、怪异作祟，则要冲"太平傩"；家人病重、久病垂危，要冲"急救傩"；偷盗诈骗、奸淫行凶，难以破获，要冲“地傩”，即“神判”。“冲傩”的仪式繁杂，表现形式生动，通过角色扮演、请神娱神、表演神的故事、采取戏曲表演等多种手法来表达。

在道真仡佬族苗族自治县，仡佬族傩文化比较完整地保留了下来。其中，冲傩还愿活动的内容十分丰富。首先众多的人物角色就令人大开眼界，主要有山王天子、炳灵侯王、二郎菩萨、秦童老官、汉朝将军、检斋和尚、土地老者、唐氏太婆、先锋小姐、灶王府君、铁匠婆婆、唤狗二郎、端枪童子、捉火郎君、度关王母、甘生八郎、撵路狗、判官、孽龙、文王、鞠公、毛包、药王、山羊、财神、唐二等70多种（个），这些人物都有相对应的面具，而傩戏最精彩、最富有魅力之处也许就在于它内容丰富而造型独特的面具。

“戴上脸子就是神，取下脸子就是人。”这些傩面具造型古朴粗犷诡秘，手法夸张，在人脸基本比例的基础上，将人物的五官比例进行了大胆的夸张变形，根据角色的需要进行了必要的艺术加工，制作精美，线条硬朗，个性鲜明，栩栩如生。威严的将军、滑稽的猕猴、丑陋的秦童等等，各种神仙怪兽，形态各异，不愧为一件件精美的艺术品。

道真部分面具

各地区的傩戏面具在造型特征上会不同程度地带有地方特色，比如，秦童是戏中的丑角，起插科打诨之用。于是人们将他塑造成歪嘴斜眼、滑稽搞怪的丑陋形象。右眼眯成一条缝，左眼弯如一条虫，两眼间距仅一指宽，且眼角线不在同一水平线上，鼻翼左小右大，嘴巴开口如椭圆洞，左嘴角翘至鼻翼，右嘴角却歪到鼻翼底下，流着鼻涕，眼珠小如鼠目，眉毛上挑，头发扭成一团，形象轻佻猥琐。

而开山莽将是一位镇邪除妖的凶神，艺人便将这类角色以常人的形象神化，比如将其脸上的部分器官用夸张的手法来刻画，眉毛塑造成云火状，把眼睛的曲线刚硬化，呈现电目如星的效果，加上如獠牙、钢角等物，似人而又不似人，只见他眉如云火，倒眼突目，颧如钢凿，赤面獠牙，两鬓发髻长如耳翅，头顶双角硬如刚钻，凶恶威猛无比，足以镇邪除妖。

知识链接 道真仡佬族苗族自治县专门设立了一座傩文化馆，其中的镇馆之宝就是仡佬族傩戏中最具有代表性的“双抱耳神鱼尾式”的山王面具。传说山王是盘古的第三次化身（第一次化为青面天子，第二次化为赤面天子，第三次化为黑面天子）。盘古出生之时没有日月乾坤和四季之分，于是他捧回了日月，分出了四季，是开天辟地的神祇。这具山王面具看似龙头，眼睛和下颌装有机关，可以由演员用唇舌操纵绳子，带动眼睛和嘴自由活动。额头上还有一只混赤眼，表示山王能够洞察世间妖怪，两耳有一对抱耳神，有三头三面，象征他是盘古的三个化身。也有人认为这样的造型是受了佛教塑像“金刚药王”三头六臂的影响。总之，是傩面具中难得的珍品。

双抱耳鱼尾式山王面具——贵州乃至中国傩面具的精品

冲傩还愿通常有一套严格复杂的程序，主要有：打闹台、礼请、开坛、立楼、开洞、出神、搭桥、领牲、差兵、镇台、破罗网、赎魂、禳关、造茅、打解、造船、和送、勾愿、拆楼、送圣、安家先、启师等20余道。

演出过程中配合不同的人物和场景，需要用到各种各样的乐器，有铜铃、大锣、二锣、马锣、大鼓、小鼓、梆子、钹、铙、铰子、教尺、唢呐等10余种；演员们身着的戏服也是五花八门，鲜艳夺目，服装有蟒袍、紫袍、披袍、袈裟、小生折子、装（马褂）、青衣、罗裙、套裤、卷腿、靴头、龙凤花鞋、盔甲等20余种，头饰有花冠、八卦巾、帅帽、平顶冠、乌纱帽、状元头、小

傩仪程序——迎桥

傩仪程序——劝茅

傩仪程序——金鸡上剑

生巾、稍帽、云勒、面网、云肩、雉尾等20多种，连胡须也有红喳、五柳须、白满、黑满、假发、三须胡、撮撮胡等10余种；还有各式各样的法物、道具，如各种桌案，师坛图，各种武器、令牌、朝笏、佛珠、拂尘、文房四宝等50多种。表演时，仅唱腔就分为一字板、二流板、摇板、垛板、碰板、散板、慢板、快板、倒板、傩腔、坛腔等数十种。常常演出的剧目有《跑功曹》《收蚩尤》《战洪山》《下天门》《山王图》《五岳图》《财神图》《金鸡岭》《上云台》《中云台》《下云台》《借五台》《黑风洞》《凤凰祭》《秦童剽散》《洞宾醉酒》《包公清宅》《钟馗遣鬼》《骑龙下海》《唐二还愿》《黄河摆渡》《盘学》《花仙剑》《双富贵》《摸包告天》等80多种。至于咒语、符讳、手诀、文书（分表、申、疏、牒、票、状、引等）约计三四百种。可见道真仡佬族傩戏内容之丰富、过程之繁复，难以尽书于纸。

在道真、务川一带，傩堂戏的演出有专门民间组织，称为“坛班”，并有“淮南教”“老君教”“玉皇教”等派别之分。因统属“巫教”，故亦称“巫坛”。每一坛有一名掌坛师，成员多由同一村寨或相邻村寨并具有师徒或师兄弟关系的人士组成，七八人、十数人不等。成员之间互称“先生”或“弟子”“师兄”“师弟”“道友”等。而普通群众则称之为“先生”或“道士”“法师”“师人”“端公（取义端正公平）”等。

傩艺传承

傩仪绝技——撒铧

傩艺的传授注重家传，传男不传女，同时也不限外传。传与子嗣，则成“家艺”；子承父业，称“跟上艺”。家中的男孩子通常从七八岁时起开始学艺；外人则需预先面请引荐师代向拟拜师致意，经考察，见其意志精专，能持禁戒，有吹打弹唱的基础，便授意出具《投师帖》，收入门下为徒。师徒关系建立之后，逢年过节，徒弟均须具礼拜谒，亦可随时登门请教或请师到家传艺，彼此亲如父子。待掌握大部分或全部傩艺之后，徒弟即可向师请职，获得师父同意后便择定吉日，举行隆重的“抛牌”仪式。师父要依法派赐以法名，分拨“兵马”，安设师坛，并赠送宝剑、师刀、令牌、科书等相关器物。徒弟亦按帖酬答师父鞋袜衣帽等谢礼。从此，徒弟成为掌坛师，即可应信人或信众（又称“施主”“事主”“祀主”“斋主”）邀请，承接、主持有关仪式，也可收徒传法，逐步自立坛门。

傩文化在仡佬族民间的广泛流传和发展，作为一种文化形态在一定程度上满足了仡佬族人的精神追求，给予了人们一定的心灵慰藉，丰富了广大群众的精神生活，发挥着文化传承和教化族人的功能，促进了人的内心及社会的和谐。

仡佬族医药文化

医药文化的发展变迁

民族医药是一个博大而深厚的领域，是各民族老百姓在漫长的历史岁月中与疾病抗争的经验积累。仡佬族先民长期居住的西南山区，多为高谷深涧、峭壁峥嵘、道路险阻、野兽横行、蚊叮虫咬、疟疾盛行的险境，他们在这险象环生的空间里需要时刻与自然环境较量，与毒蛇猛兽搏斗，与瘴气疾病抗争，需要无穷无尽的智慧和勇于探索的精神。他们在血与泪的体验中反复实践，总结出了许多实用的医疗技术，创造了不少防病治病的良方妙计，积累了丰富的医疗经验，为仡佬族人民的健康和生命延续做出了不可磨灭的贡献。

“走方医” 在旧时代，仡佬医师常常是以走村串寨的方式行医，称之为“走方医”。每逢赶场时间，繁华热闹的集市中总会看到他们的身影。随处支一张桌子，或就地摆上膏、丹、散、药酒等药品，用自制的土方土药以及几种传统简单的医疗工具，辅以刮痧、推拿、针灸、拔火罐等多种民间疗法，为人们治病疗伤。在没有现代医疗设备和技术的旧时代，这种土洋结合、巫医并举的民间医药在仡佬族社会具有不可或缺的作用。

“风”与“症” 随着汉族大量流入仡佬族地区，一定程度上促进了仡佬族医药与中医、西医的相互渗透、融合，促进了仡佬族医药的科学化发展。仡佬族医药把疾病种类归纳为两类：一类是“风”，是人体外在的因素引起的病候；另一类是由于内在

知识链接 **“化骨吞签”** 黔北一带的仡佬族，世代传承着一种神秘的“化骨吞签”术，是民间一种治疗食结、喉内鱼刺或腹内误服异物的传统治疗法，但其内容、形式上又被操作者赋予了某种类似于巫术的神秘色彩。治疗时，医者先要燃香和烧钱纸，用点燃的香在盛有水的碗中画字或者符号，称为画符讳，然后将一根竹筷削切成尖尖的竹签，放入碗中，表示签水化好了。制签用的竹筷不能沾染肉类荤物，否则不能浮出水面，不能够吞服。病人服下签水，便可以治疗消化不良（打结食）或化解误食入腹中的异物，孕妇忌服。

自生原因引起的病候，称为“症”，并且习惯用病人的临床症状进行命名，比如“扰腰风”，就是现在的“腰椎间盘突出症”。

在仡佬族民间还涌现出一些精通医理的医药人才。比如直到今天，在一些地方的仡佬族民间医药师仍然被尊为师公、师祖的郑体仁。

知识链接 **郑体仁** 清朝同治年间，道真县有一位名叫郑体仁的仡佬族医师，他将家传秘方和自己的亲身实践经验结合起来，并收集了民间中草药验方约190种方剂，整理汇编成书，名为《新刊诸症妙方》。书中记载有内科、外科、妇科、儿科、花柳科等190余方，并刻印了千余册，赠送同僚。这本《新刊诸症妙方》为仡佬族医药的传承和推广做了不可磨灭的贡献，体现出仡佬族医药将我国传统的中医与外来的西医兼收并蓄，医药的理论和实践均达到了一定的水平。在贵州省中医研究院、贵州省民委、贵州省卫生厅的共同努力下，于2003年编印出版了《仡佬族医药》，该书对千百年来仡佬族人民与猛兽蛇虫、时疫瘴气、饥寒疾病做斗争所创造出的医疗技术丰硕成果做了一个全面总结，为深入研究仡佬族传统医药提供了大量有价值的材料。

民族医药发展 近年来，民族医药越来越受到重视，从政府到学界都十分重视对民族医药的发掘、研究和利用，把发展民族医药提高到“不仅是一个重要的学术问题，而且是执行国家大法的问题，是提高民族自尊心、继承和发扬民族文化的重要内容，对促进民族团结、巩固国防都有积极意义”的高度。民族医药迎来了发展的春天。全国农村医疗卫生保健事业得到快速的发展，许多仡佬族医师进入了各级乡村卫生基层组织，以独特的医疗技术继续为广大人民服务。

仡佬药种类

仡佬族地区崇山峻岭，拥有良好的气候和充沛的雨量，土质肥沃，森林广阔，适应多种中草药动植物的生长，因此仡佬药的来源广泛，品种丰富，对于常见的病症都可以找到相应的药物或治疗方法，几乎家家有良方，人人有妙计。人们不仅仅从植物、动物身上挖掘药用价值，还使用一些矿物做药。有资料表明，仡佬族药用品种已达1 000种以上，常用药有200余种，十分丰富。

植物药 仡佬族常用植物药种类繁多，有数据显示，中草药

花椒

有529个品种，隶属154科，可谓“百草皆药”。人们擅长从日常生活中总结经验，把最常见的植物或食材的药用价值发挥得淋漓尽致。比如人们常常用大蒜治疗小儿发烧，发现刺梨根能够缓解上吐下泻的症状，蛇倒退可用于皮肤溃烂，花椒的麻醉效果能够缓解牙痛，五匹风用于狂犬咬伤，鱼鳅串可以治疗小儿中毒性消化不良，三颗针用来治疗乙肝，桐子树治腹胀，百合能治干烧病，紫苏用于热感冒，鸡屎藤在接骨时用，钩藤能治喘惊，百部能治疗哮喘，枇杷叶子治疗风寒感冒咳嗽，麦冬可用于通乳，紫茉莉治疗白带，鬼针草和石榴皮能够治疗腹泻等等。

各个地区仡佬族人对于常用药物的使用有着不同的体验。黔东北一带的仡佬族人喜欢用白萝卜、玉米须等植物做药治病疗伤。白萝卜具有很好的止血、止痒、止泻和治疗咳嗽气喘的功效；玉米须具有良好的消肿止痛排毒功效，还能治疗崩漏、小便不利等常见病症。经济实用又方便快捷，还能获取意想不到的疗效。

动物药　智慧的仡佬族人在许多动物身上，也发现了珍贵的药用价值。常见的如螃蟹可以治疗龋齿、跌打损伤，癞蛤蟆治疗支气管炎导致的咳嗽，鸽子屎治疗牛皮癣，田螺治疗脐凸、撮口风，蜈蚣治疗牛皮癣及无名肿毒，蜂蜜治疗痔疮和小儿胆道蛔虫，仔鸡治疗肾虚，土鳖虫治疗腰痛，地牯牛治疗产后胞衣不下，蝉蜕治疗小儿腹泻，牛胆汁治疗外伤导致的大小便不通，水牛角治疗血淋，猪腰子治疗肾炎，乌梢蛇治疗手脚颤抖，啄木鸟舌头治疗小儿抽筋，四脚蛇治疗蜈蚣咬伤，幼鼠治疗烧烫伤，地虱子治疗白内障，麻雀治疗老年百日咳，黄鳝治疗口眼歪斜，团鱼治疗子宫脱落，刺猬可以治白带等等。可见，常见的病症仡佬族人都可以找到有效的药物来治疗。

矿物药　用矿物做药治疗疾病可谓是仡佬族医药的一大特

色。仡佬族人开采朱砂、提炼水银的历史十分悠久，特别是在黔北的务川仡佬族苗族自治县，仡佬族医师发现朱砂具有镇惊安神的药用价值，于是制成粉剂，用以疗疾。酊剂以施治，成为仡佬医药的一大特色。

以朱砂制药的传统可以追溯到东晋时期，一位道教学者、医药学家葛洪（281—364），曾旅居武陵郡南部，即今天务川仡佬族苗族自治县，在此行医炼丹。葛洪的治病方法多以极易寻找到的药物为主，在后来的仡佬草医多以单方和验方的形式治病。他著有《肘后备急方》《金匮药方》《神仙服食方》等医书。《肘后备急方》中记载的许多治病方法，今天仍在务川仡佬族地区沿用，常用的135种方法还收录在《仡佬族民间医药丛书》当中。仡佬族医药至今仍然供奉“葛洪先师”牌位，称为“安坛”。在今天务川的龙潭村，还留下了“葛洪坝”“葛洪洞”等遗址。

葛洪

葛洪炼丹处

除了朱砂以外，硫黄、雄黄、铜等矿物也常被用来做药品治病，比如将硫黄研成末，调乌柏仙涂敷能够治疥疮，用炼汞留下的灰末涂抹用于治疗脚癣，将雄黄化水涂抹可以治疗蚊虫叮咬，用铜或者铜币抹上醋或者酸汤涂抹可以治疗体癣，用硫黄化水冲洗来治疗全身瘙痒等等。

为了便于记忆和传授常用的医药知识，人们将医方编成口

知识链接 黔北一带的仡佬族还会用烟失治病。烟失即油烟垢，油烟在人们看来是对环境和人体健康的一大祸害，而黔北仡佬族民间却视其为一种珍贵药品，用来治疗烫伤、牙痛、腮腺炎、痛经、中耳炎、打摆子（疟疾）、急性胃肠炎等病症，还可以预防蚂蟥咬伤，治疗毒蛇咬伤，对长期在山野荒郊劳作的仡佬人来说，的确是一种经济实用的良药。

炼丹的工具

诀，如“小儿急惊不自然，朱砂南星各二钱，灯芯姜汤来服下，药到病除得周全”，还有“干疮原来皮火旺，吴芋花椒加硫黄，研末香油搽上好，要到病除此良方”等。

传统体育活动

体育运动大都是出自民间的日常生活，仡佬族人在平日里艰辛的劳作过程中也为自己创造了许多独具特色的传统体育运动。虽然这些运动看似平常简单，朴实无华，却在群众中广泛普及，参与性很高。有的近似武术，能强健体魄，有的轻松愉快，趣味性高，人们在辛勤劳作之余，可以随时随地开展体育活动，田间、村口，只需要不太大的一块空地，便可以开展各种活动，参与者、观者均乐在其中。打竹秀球、甩鞭、登刀梯、摔抱腰、抢花炮、板凳拳、档耙拳等等，都是仡佬族人喜欢的活动项目，其中以打竹绣球远近闻名。

打竹秀球

竹秀球，顾名思义是用竹细篾编的小球，聪明的仡佬族人就地取材，用新嫩的斑竹、金竹或楠竹为材料，劈成篾片，削去竹黄，经过灵巧的双手，便编成如拳头大小、形似鸡蛋的竹球，因

打篾鸡蛋

此这种活动也俗称“打篾鸡蛋”，仡佬语称“嘎嘟朗啃”。关于打竹秀球的运动还有一个美丽的传说：

有一个叫竹青的仡佬族姑娘，心灵手巧，美丽善良，聪慧过人，深得小伙子们的喜爱。竹青向求爱者们提出，谁的竹球编得好，打得好，就嫁给谁。于是众小伙子铆足了劲苦练技艺，最后一个名叫竹平的年轻人以精湛的编球和玩球技术赢得了姑娘的芳心。从此，竹秀球便成了仡佬人爱情的象征。

今天，还有不少仡佬族青年仍以赠送竹秀球互表爱慕之情。有的竹球还染上五彩斑斓的颜色，称为“五彩球”。

“打竹秀球”是一项有久远历史的运动，由早年流行于民间的“飞纮”演变而来。南宋朱辅的《溪蛮丛笑》中就有对仡佬族过年节打篾鸡蛋的记载：仡佬“土俗：岁节数日，野外男女分两朋，各以五色彩囊豆粟往来抛接，名飞纮”。随后，这项活动流传下来，至今在黔北一带仡佬族地区还十分受欢迎。通常在农闲的时候进行，也会成为春节期间的竞技比赛项目。

“打竹秀球”的玩法有很多种，最常见的一种叫“过河”。首先在场地中心划一条界线，称为“河”，以“河”为界，两边各站4~8人，场面和打法有些类似排球，需要展示队员灵活的身手和密切的配合，拍、托、推、扣，还可用脚踢，好不热闹。如果竹秀球碰到了手足以外的身体部位或打不过河，则失败。如果竹秀球落在本界内，对方则可以越过河界占领落点的位置，以将对手赶出全部地盘为胜。

另一种玩法叫“牛撵牛”，参加人数不限，不分组，通常在开阔的旷野中进行，场面更为热闹。首先一人开球，尽其全力将竹秀球随意抛向远方，其余人随之追向其落地的地方，先抢到球者再次抛出，如此往复抢接多次，以抢到并抛出的次数最多者为胜。每次往复抢球、抛球往往要跑一二十公里，十分考验耐力和速度。人们为了抢球，常常不顾一切滚成一团，欢乐无比。

“打竹秀球”于2006年底被列入了遵义市第一批非物质文化遗产目录。2007年，在广州举办的第八届全国少数民族传统体育运动会上，“打竹秀球”成为贵州省代表队的特色项目第一次在全国民族运动会上亮相，并在148个表演项目中脱颖而出，荣获“传统体育项目表演类金奖”。

登刀梯

又叫“上刀山”，这是仡佬族一种惊险的传统体育表演项目，也带有宗教占卜的色彩，流行于务川、道真仡佬族聚居区。表演中的“刀山”是两根两丈高由下而上绑着12把钢刀的木柱，看上去令人生畏，而表演者却以此为梯栓，顺刀梯而上。勇者通常会头包红帕，腰系红带，有的甚至背上背一个小孩，在万众紧张的瞩目中和紧锣密鼓声中，赤手抓刃，赤脚踩刀，气定神闲地逐级登上梯顶。到达梯顶后从东南西北中五个方向卦卜吉凶，如视“凶方”，便从预先挂好的竹篮里取出一枚鸡蛋掷地，寓意“祛邪”。然后摘下梯顶的青旗，取下竹篮，翻过刀山，从另一面依旧抓刃踩刀顺梯而下。此项活动需要超人的功夫和胆魄。如今，占卜的功能已渐渐退去，多以表演的形式存在。

登刀梯

板凳拳

板凳拳

相传很久以前，仡佬族人出了一名勇士，刀法剑术十分了得。有一次战斗中，敌人约请他讲和，按规矩，进帐前双方须交出手中的兵器以示诚意，于是这位勇士交出了兵器，走进敌人的营帐，坐在一张条凳上。没料到却中了敌人的计，突然之间，敌人从四面抽刀拔剑向他袭来，赤手空拳的他情急之下，随手操起条凳与敌人作战，左击右扫，条凳在他手中上下翻飞，犹如蛟龙盘柱，打得敌人落花流水，最后还擒了敌首。后来，勇士自创了一套以板凳为武器的拳术，即板凳拳。就这样，板凳这样一件平凡得不能再平凡的家居用品成了仡佬族先民的七大武器之首，尤其以防御功能为主。平常隐没在民居中毫不起眼的角落，使用时却极其方便，令人措手不及。今天，舞板凳拳逐渐成为仡佬族人民喜爱的一项体育活动。

打磨磨秋

打磨磨秋

磨磨秋看上去很像跷跷板，不同的是它不仅可以上下升降，还能像磨一样水平转动，所以得名磨磨秋。为了适应不同的人玩耍，磨磨秋的高度不一，有1米、2米多不等。玩耍时，横梁两边人数相等，可以匍匐在杆头上，也可以骑坐在上面，似推磨，轮流用力蹬地疾跑几步后，横梁就会有一头升高，一头落下；再跑几步，高、低的升降又重复一次。骑坐的人脚触地面，横梁就会旋转和升降，呼呼风响，悠然自得，玩得兴起，围观的人也不停喝彩鼓劲，十分轻松热闹。

档耙拳

档，又名月亮叉，刀尖非常锋利；耙，是一种农耕工具。档耙拳是一项传统的体育运动，尤其在安顺市西秀区湾子村受到仡佬族青年的广泛欢迎，每逢农闲或者节庆都少不了它，也是仡佬族先民防身七大武器之一。相传远古的时候，仡佬族祖先居住深山洞穴之中，既要在丛林巨石杂草中开荒种地，又要抵御豺狼虎豹不期而至的侵袭，因此采用一边是耙一边是叉的独特生产工具。最早是用木头制成，后来改为铁器，在防御野兽的过程中编造了这样一套舞法（拳术）流传下来，就是档耙拳。这个原本用来防身自卫的武器逐渐成为闲暇时仡佬族青年喜爱的体育活动，今天已经发展成为一种较规范、有套路的健身拳术。主要以刺、挑盖、扫等动作完成，表演起来刚劲有力，虎虎生风，充分展现了男子的强健体魄和威武气质，因此，在档耙表演比赛中获得优胜者的男子很容易俘获女孩子的芳心。

档耙表演

高台舞狮

舞狮是中国民间一种常见的文娱活动，全国各地、大江南北都有极具地方特色和民族特征的舞狮表演。而在黔北道真、务川等地区的仡佬族人，却将这项活动从地面发展到空中，在八仙桌所搭成的高台上舞狮，成为一项兼具娱乐、杂技、体育于一体的特色运动，每逢年节或有重大喜庆日都会有它的踪影。20世纪80年代，被贵州省民委确定为仡佬族传统体育项目。2006年，中央电视台曾赴泥高乡拍

高台舞狮

摄高台舞狮专题片播出。

高台舞狮的独特之处就在于表演舞台的“高”，所谓“高台”一般用7张或9张桌子叠成，最高的有12张，为了表演安全，每层桌子相叠之处，用粗糙的草纸钱相垫以防滑。舞台的搭法有两种：第一种是每张桌子重叠而上，顶上一张倒扣，四桌腿朝天，呈直立长形，称“一炷香”，高12米左右；第二种是一层为4张桌子并排，二层为三张桌子并排，三层为2张桌子并排，四层为3张桌子重叠而上，最后一张倒扣，四桌腿朝天，呈梯形，状似宝塔，称“宝塔式”，高7米左右。

每年的正月初一，舞狮队便装扮好，一人扮演笑和尚（即目连，戴面具，手执扇子），一人扮演孙猴，二人合扮狮子（狮头狮尾各一人），四人打锣鼓，二人打灯笼（称狮子灯）。先焚香秉烛，参拜师坛，辞别祖师来到村寨中演出，通常在舞狮队走进村寨的第一户人家中表演，分地面表演和高台表演两个部分。

高台舞狮

表演开始了，笑和尚首先出场，拜请孙猴学艺。两人围绕高台，在地面表演“走倒立人”“骑马马肩”“鹞子翻飞”“鲤鱼跳龙门”“鲤鱼晒肚”等动作，在默契的配合中呈现一个个幽默滑稽的场景，引乐观众。接着就是紧张刺激的高台部分，笑和尚再拜请孙猴上台寻母（高台表示十八层地狱），只见孙猴以灵活的身躯、敏捷的动作攀登高台桌子，每上一层，动作各异，有时双脚倒挂桌桓，悬空倒上；有时双手把握桌脚，倒插桌脚穿上。笑和尚打扇向观众示意艰辛，孙猴还不时以捉虱子、咬虱子、擦鼻涕、擦汗水等滑稽动作逗乐观众。上高台后，笑和尚和孙猴要在四脚朝天的方桌脚上表演“过金桥”“鲤鱼晒肚”“碰头设计”“节外生枝”“天外探天”“遥视苦海”“蜘蛛吊线”“倒挂金钩”“天王封印”等十多种高难度动作。

当地有许多诗人都曾作诗词描写高台舞狮，如韩纯忠的《浣溪沙·高台舞狮》：

表演登临节日新，九重高桌显奇能，笙箫锣鼓掌声鸣。

踩斗雄狮观昊宇，猴王罗汉势腾云，高台狮舞贵阳城。

又如《鹧鸪天二首·高台舞狮》：

方桌重重耸碧空，锣鼓唢呐喜融融。兽王踩斗凌空转，民族奇葩添彩虹。

身敏捷，舞姿雄，诙谐惊险竞奇功。临台绝技凭施展，尤振雄风艺苑中。

仡佬毛龙

“龙”是中华民族的共同信仰，“龙神”是中国历史人物神化的结果，具有“呼风唤雨、润泽大地”的本领，是人类“英雄”崇拜的神化产物。而仡佬族的毛龙无论是制作工艺上还是表演形式上均独树一帜，其独特的信仰体系，独特的民族性和地域性特征以及多样的社会功能，具有丰富的文化价值，2006年5月被国务院命名为首批国家级非物质文化遗产。毛龙体现了仡佬族先民“龙神信仰”和“原始崇拜”，由于毛龙的主要制作材料是竹，并且表演中有“求子”的意愿，因此一些人认为毛龙源于仡佬族先民的“竹王”崇拜和生殖崇拜。毛龙表演至今仍然是石阡地区仡佬族人在元宵节时十分流行的一项传统文化活动。“仡佬毛龙”的表演有时还配有附龙，称“狗龙”，这是苗族“盘瓠”图腾信仰的表现形式，反映出仡佬和苗家的族际交融。

仡佬毛龙

“仡佬毛龙”代表着民间的“龙神”信仰，从制作到表演都有一套完整的程序，以示庄严。通常每年腊三十到正月头两天，全村的人便开始为毛龙做准备。首先各家各户共同集资，俗称“化公德”，指定村中能干的青年人准备“扎龙”所需的竹、纸、石蜡等材料。再请一位篾匠师傅烧纸做“破竹”仪式，并选定一个合适的场所“扎龙”，村中男性老少共同参与，制作过程中也带有对技艺自发的传承。

知识链接 毛龙的制作是十分讲究的，通常用筋竹、斑竹、阳山竹来制作。首先选用好几片粗长的竹篾条来做龙的脊梁，约20米长，再用竹篾缠绕剪成鞭炮形的彩色纸，称为“火草秆”，长约100~120厘米，两端扎在龙脊上形成一个个圆环。整条毛龙需要用几百根这样的“火草秆”扎成，因为看上去满身是“毛”而得名“毛龙”。用黄颜色纸做“火草秆”扎成的龙，称“黄龙”，红颜色纸制成的称“赤龙”，蓝色纸制成的称“青龙”，还有用五颜六色纸扎成的“花龙”。龙脊上每两米固定一根木把，称为“洞”，有七洞、九洞、十一洞或十三洞的。每洞内系上四个“八方等”，晚上在里面点上蜡烛，整条“龙”变得通体透明，光彩夺目，舞动时，灯球翻滚于毛茸茸的龙体之中，非常漂亮。现在，人们还在“毛龙”的眼睛、嘴里安上霓虹灯，整个“毛龙”变得金碧辉煌。

漂亮的“毛龙”扎好以后，要请阴阳先生择佳期行开光、请水仪式，仪式结束以后才到村寨或城内家家户户“玩龙”。“毛龙”的到来，是一件喜庆吉祥的事情，每到一家，主人都会烧纸放炮前来迎接，这时“毛龙”在阵阵锣鼓声中翻滚舞动。待锣鼓声一停，执龙宝的人便在主人家大门前说起“龙句子”，然后开财门进入主家堂屋，仪式结束以后，主人再放炮欢送。如果毛龙队伍游到哪一家正值饭点，无论早饭、晚饭或者夜宵，主人都会热情招待。

一支“毛龙”一般由两条主龙、两条附龙和一个龙宝组成。“毛龙”的表演十分精彩，在持宝人的带领下，“毛龙”上下翻滚，时而头上尾下呈“螺蛳旋顶”，时而舞宝人与舞龙头的人背靠背、头枕肩，仰面朝天舞成“犀牛望月”，时而二龙相向，随着持宝人上下翻滚，舞成“二龙抢宝”等等。“毛龙”两旁还紧紧跟随着两条“狗龙”，是传说中夜郎王的猎犬，这是“毛龙”有别于其他龙灯的主要特点。“狗龙”在表演中扮演小丑角色，它们时而在前引路，时而留观打斗，时而殿后表演“二狗抢球”等等，滑稽的动作和形态惹得四周的观众捧腹大笑。表演中还时常施以黄烟，整条龙在烟雾缭绕中若隐若现，场景蔚为壮观。

“毛龙”表演形式上最大的标志性特征是“过独木桥”和

“上四方桌”，这在别的龙灯表演中是看不到的。两条“毛龙”在“狗龙”的陪伴下，跃上四方桌，跨上独木桥，腾云驾雾一般，时而蛟龙出海，时而懒龙翻身，还有鲤鱼打挺、天鹅抱蛋、倒挂金钩、仙人坐轿、观音坐莲、苦竹盘根、膝下栽葱、克麻晒肚等绝活，敏捷的身手、精彩的场景让观众连连拍案叫绝。

“玩龙”期间，还有“交宝”的习俗，即一些婚后长期无子的人家以此表达“祈求生子”的愿望。“交宝”的场面非常讲究，对玩毛龙的艺人要求也很高，也不是随时都可以看到，必须是有人家许下愿诺后才会专门进行。

到了正月十五、十六便要进行“烧龙”仪式。这一天，队队毛龙排列整齐，在阵阵锣鼓和鞭炮声中，来到事前选择好的地点，然后将事前写好的疏文焚烧，所谓疏文是祝告上苍文表，写有所烧的灯、供品，并具灯首姓名，以及全村筹钱玩灯的人名，放入一个黄纸折成的小长方形盒子里。以此表示对神和毛龙的敬意，表达全寨人的诚心，祈求保佑全寨人民平安吉祥。同时，要在“烧龙”的路上每隔五尺插上自己浇的路烛，称为“放路烛”，祈求“六畜兴旺、五谷丰登、平平安安”。“烧龙”仪式结束后，这一年的玩龙活动就算圆满完成了。

过去“仡佬毛龙”的传承主要是自发传承与自然传承。所谓自发传承即青年人主动学习“仡佬毛龙”的扎艺、玩技、“龙句子”及毛龙的传说故事、乐器伴奏等；自然传承是指“仡佬毛龙”的传承没有任何拜师、出师等仪式，而是作为一种全民信仰的自然传承，主要靠“口传心授”。据了解，从清代开始，仡佬毛龙活动中有关“开财门”、敬香等“龙句子”已渐次出现用汉字记录的传承，作为口传心授传承方式的辅助形式。

近年来，由于社会经济的迅速发展，现代文明的冲击也使人们的审美趣味不断衍变，这一传统文化活动的发展受到了很大的冲击，只有当地的一些老人还保留着对这一民族传统文化的怀念和欣赏。

独特的民间纸牌——务川大贰

在黔北的务川仡佬族地区，流行一种书写怪异却古朴美观的地方纸牌，叫务川大贰。这种纸牌由大写的“壹贰叁肆伍陆柒捌

务川大贰

玖拾”和小写的“一二三四五六七八九十”组成，同种牌每张四块，共八十张。在务川仡佬族地区，无论扑克牌和麻将如何风靡，大贰依然一枝独秀，深受当地群众的喜爱。打大贰是一项斗智的游戏，对人数要求不是很严格，通常三人一起玩，也可以两人或四人，玩法多样，趣味各异，最流行的方言叫“抠百儿”和“打瓢儿”。

“打瓢儿”与麻将的玩法较为接近，需要四个人，在规则上较为有趣的是，务川大贰必须“碰”，即当一家打出一张牌，其上家或下家，只要手中有两张或三张同样的牌者，必须出手“碰”，有时候一副好牌会“碰”得面目全非，惨不忍睹，坏牌也可能变得越来越好，因此，整个过程中，常常会遇到山穷水尽到柳暗花明戏剧性的相互转化，娱乐性较强，也能考验玩牌人的心智。

据当地的野史记载和一些老人的回忆，在清代时务川地区人们就普遍开始打大贰。大贰最初是手工制作，城乡均有，但以县城孔家牌和铁家牌最为有名。大贰上面图案的书写形式早先各家也不完全一致，直到20世纪40年代，始定型于今天我们所见的样子。大贰大写部分的十张牌最不容易辨认，其文似图非图、似文非文，只有仔细分析辨认才能识别，常有人还误以为上面的图形便是仡佬族文字，其实更为先人撰文时精妙构思和技术而赞叹。

第五章
仡佬族的风俗习惯

作为一个古老的民族，仡佬族有一些特别的风俗习惯。“茶三酒四烟八杆”，展现了仡佬族人的朴实无华和热情好客。而仡佬族的古老丧葬习俗十分丰富且寓意深刻，极具代表性。独特的婚嫁习俗如打牙、哭嫁等也常常引起人们的广泛关注，当然许多古老的传统习俗如今已不复存在，比如打牙习俗、古老的葬俗等，成为仡佬族珍贵的文化记忆都已经尘封在历史当中。

“茶三酒四烟八杆”

仡佬人热情好客，在宴请客人时十分讲究礼仪，尤其在黔北地区的仡佬族人，素有“茶三酒四烟八杆”之待客礼俗。烟、酒、茶在仡佬族人待客过程中是必不可少的。

过去，仡佬族人往往依山而居，或独居，或几家、十余家居住在一起，远近的朋友前来，通常房前的狗叫声提前为主人通风报信，听见狗叫，男女老幼便出门来看，若有客人到来，主人家便吩咐家人早早迎上前，帮客人拿东西，自己立即打开堂屋大门，表示敞开胸怀欢迎客人，喜气盈门。

一幺台

二幺台

三幺台

逢年过节、婚庆寿辰、立房造屋或亲朋好友自远方来，仡佬族人家都要以“三幺台”相待，“幺台”是当地方言，即“结束”之意。第一台又叫“茶席”，主要是为了给客人接风洗尘，通常会上多种果品糕点，如仡佬族人家自己做的酥食、麻饼、百花脆皮、红帽子粑、泡粑以及核桃、花生等。还会给每位客人沏上一碗当地大叶茶或者仡佬族油茶。品茶兴趣者，会谈论起茶的起源，油茶的故事，唱茶歌，主人与客人共同谈古论今，品茶吃点心，茶席结束，称之为“一幺台”。

紧接着，主人家又上

第二台，通常是用于下酒的各种卤菜和凉菜，还有香肠、腊肉、卤猪杂、皮蛋、盐蛋、萝卜丝等家常小菜，酒为自酿的苞谷小作酒，称为“八仙醉酒”，又叫“酒席”。酒菜上桌后，客主会按当地饮酒习俗先饮三杯：第一杯主人敬客人，为敬客酒；第二杯为祝福酒，由客人还礼，回敬主人；第三杯为孝敬酒，由晚辈为长辈祝福，长辈先饮，晚辈后喝。三杯过后，再相互敬酒。善饮酒者，唱《十杯酒》等酒歌相劝，客人唱《谢酒歌》回敬。主客频频斟酒，不喝酒者也须以茶代酒，左右捧场，气氛和睦而热烈，“酒席”结束，称“二幺台”。

接下来的第三台才是所谓的“正席”，叫作“四方团圆”，意思是主客难得相聚团圆。第三台菜上主菜，当地人称为大菜，通常有猪蹄膀、樱桃肉、回锅肉、夹沙肉、糯米圆子、灰豆腐酸菜等，加上大米、玉米合造的“两造饭”，十分丰盛，待客人喝好吃饱，客主方可离席。连续三台，因此称为“三幺台”。“三幺台”充分展示了仡佬族的礼仪文化、茶文化、酒文化以及饮食文化，也体现出仡佬族人的淳朴、善良和热情。1997年5月，“三幺台”被列入贵州省非物质文化遗产代表作名录。

传统婚俗礼仪

南宋时陆游在《老学庵笔记》中曾对仡佬族的婚姻有一定的描述，这一时期，仡佬族是崇尚恋爱自由的。明清时期的一些地方志中也记载有仡佬族男女青年在节日聚会或者喜庆的重大场合“相会于野”，私订终身的情况。《遵义县志》中记载：“清代以前，仡佬族每年春节，男女玩山，在耍房中情歌互答，自由恋爱，情投意合，互相‘丢准成’后，男方便可委托媒人说亲。”说明仡佬族在恋爱婚姻习俗上是比较自由开放的。

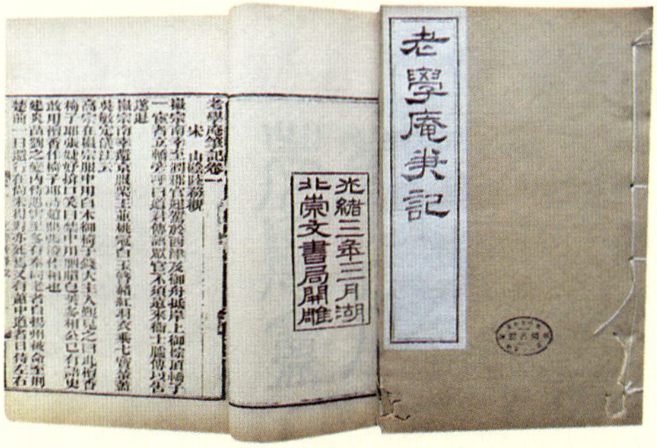

《老学庵笔记》书影

“耍房”与对歌

通常，在仡佬族村寨附近的山上，有专门为青年男女聚会而搭建的草棚子，叫作“耍房”，每逢春节或者农闲时候，年轻人们便三五成群，相约到耍房对歌玩耍，无论是否认识，都能在对歌过程中玩得十分尽兴愉快。记忆力好的仡佬族青年男女歌手可以一口气唱出几十甚至几百首山歌，内容大都来自朴实的日常生活，往往是临场随性发挥，信手拈来。有时甚至会以对唱的形式表达自己的择侣条件或者打听对方的人品情况，以寻找意中人。

在遵义一带，对歌一般都要小伙子带头：

好久没有唱山歌，喉咙长起蜘蛛窝。
跟妹借把铁扫帚，扫扫喉咙唱山歌。

姑娘回唱道：

好久没有唱歌来，哥的喉咙长青苔。
妹把扫帚借给你，哥把山歌唱起来。

小伙子再唱：

唱首山歌给妹听，看妹知音不知音。
点灯要点双灯草，唱歌还要妹连声。

姑娘对唱：

哥唱山歌妹来还，四句歌儿不算难。
哥唱天上七姊妹，妹唱地上九连环。

意思是我完全可以和你对接下去。

小伙子继续唱：

叫我唱歌我就来，披起衣裳穿起鞋。
随身带着几百首，后头还有马驮来。

姑娘也不甘示弱：

你歌没有我歌多，我的山歌用马驮。
前头到了大定府，后头还在乌江河。

男女双方交替对唱，有比歌打擂台的挑战意味。耍房对歌实际上成为仡佬族男女青年谈情说爱的主要方式，通过一次或者几次耍房活动，彼此唱歌、对话，了解对方情况，如果双方情投意合，就会互赠信物，立下誓言，叫作“丢准成”（或叫“丢把凭”），正式确立起恋爱关系。

此外，外出赶场也是青年男女结交的好机会，在场坝或来回的途中，男女青年也可以通过对歌互相结识或加深感情。

婚姻程序

小伙子和姑娘通过耍房对歌相爱了，但是要走上婚姻的殿堂，彼此组合成为一个家庭，还得遵循一套固定的程序仪式。一般来说，仡佬族的婚姻要经过提亲、订亲、烧香与开庚、接亲、闹房、回门等几个步骤。

仡佬新人

知识链接 **烧香与开庚** 婚事确定之后，小伙子要备好“聘书”以及彩礼，到姑娘家“烧香”，也称“纳聘”或“插香”。这一礼仪是十分重要的。在道真，嫁女儿的人家常常被称为“输家”，俗话说：“输家输到底，贵的不过是两回烧香礼。”厚重的礼品能让姑娘家感觉光彩。对于男方家庭来说，这是添人进口的喜事，通常也会表现出应有的爽快和大方。

“烧香”还有一个重要的内容，男女双方要根据自己的生辰择定婚期，称为“开庚”。“烧香”仪式结束后，姻亲关系就更加牢固，就是俗话说的“三炷香，两棒磬，敲了就当铁水凝”。

哭嫁习俗

哭嫁是一种古老的习俗，在相当长的历史时期和广阔的地域内流传，是许多少数民族以及部分汉族婚俗中的重要组成部分，具有深刻的内涵和独特的文化价值。哭嫁习俗在仡佬族婚俗中占有重要的地位。古人认为，婚姻为人伦之始，承载着重要的社会责任，而女人的最后归宿是夫家，她们的社会责任是通过婚姻来实现的，出嫁是女人凤凰涅槃般的生命转变。姑娘出嫁，要与朝夕相处的亲人们告别，对未来的生活也没有把握，会心生伤感而动情啼哭，俗话说“出嫁女儿哭是笑”，她们只能通过哭来表达

哭嫁

自己心中难以言表的种种复杂情感，在这亦歌亦哭、亦喜亦悲的哭唱中艰难地完成从少女到新娘的心理转换。

当然也有的是因为婚姻完全由父母一手包办，姑娘对婚事不满意而不愿出嫁，伤心而无奈，通过哭唱来表达对父母、媒人的不满和埋怨。世世代代传习还形成了一整套传统的“哭嫁歌”。哭嫁歌以其强化女性话语权的诉说权利和独特的情感调节功能成为热闹婚礼上最煽情的一道风景线。

在婚礼的前一天晚上，待嫁的姑娘会由母亲（如母亲去世则由嫂子替代）为她开哭嫁声，有的地方是由姑娘的母亲请女方送亲客（叔、伯、姑母均可，但必须按辈分从大到小）来为姑娘开声，所谓开声，就是给姑娘开个头，首先由母亲或者长者引哭，诉说依恋之情、母女之情以及家庭琐事，教导姑娘到婆家以后要贤德孝顺，要为娘家争气之类，姑娘听后，心中也涌起对娘家人的不舍和感恩之情，与亲人对哭，从家中辈分最高的长者哭起，包括哥哥嫂嫂、姐姐妹妹等所有的亲戚都要哭诉一遍，以表达浓浓的亲情。

有的甚至在三天前就开始了哭嫁活动。说是哭，实际上是在唱，或者是哭唱。许多女孩在还未出嫁的时候便从姊妹那里传抄了哭嫁歌本私下练习，临出嫁前可以哭上三四天不重复，直到拜别祖先和亲人，上了轿才停止哭泣。

《说文解字》书影

追姑娘

在不同的仡佬族地区，还有许多古老而独特的婚俗，比如追姑娘。《说文解字》中说：“女子适人谓之‘嫁’。”在贵州一些地区的方言中也称为“分”“打法”

"交待"等等。而在务川一带，把姑娘出嫁称为"追姑娘"。过去，有的姑娘早已经哭嫁了好几天，却仍然不肯离家，临上轿前，乘人不备，抽身"出逃"，四处"躲藏"。于是，家中的婶婶、嫂子便四处追赶、寻找，找到姑娘后将她强行拉回家，逼她出嫁。在人们的逼迫下，姑娘要到堂前拜别祖宗，然后被强行拉入轿中，姑娘的父亲来为她解开衣领边的扣袢，这大概是意味着从此她便从这个家族里除去，即"嫁出去的女儿如泼出去的水"。然后叔子、兄弟等人又来贴上"轿封"，将喜轿抬出院外，由新郎的迎亲者将新娘抬走。

"追姑娘"这一古老习俗生动展现了在传统社会婚姻不能自主的年代，姑娘反抗"出嫁"和家中父兄迫使其"外嫁"的矛盾和斗争，在很大程度上保留着早期粗犷而古朴的民俗风貌特征。

打湿亲

仡佬族婚俗中有一个特殊的环节叫作"打湿亲"。当新郎的接亲者来到姑娘家，进门之前，姑娘家中的亲友们会用脸盆盛上清水，以手捧水浇泼在前来接亲的人身上，以这种恶作剧的形式向未来的亲戚表达热情。有的地方甚至用细竹条或者荨麻打前来接亲的人，意思是打掉晦气得福气。

与接亲客一样，送亲客也要过"打湿亲"这一关，但方式和用具有所不同。待新娘被送进新郎家大门时，前来吃喜酒的青年女子们手捧箩筐中的水向送亲的人们浇去，意思是"开亲开亲，不打不亲"，也有的是说以此打掉新娘的犟脾气和邪念。送亲的人也早有准备，会高喊："不要浇水，已经是湿亲了"或者"比湿亲还亲"，然后迅速跨入新郎家的大门，使这种特殊的形式迅速结束。

打牙

打牙是一种古老的习俗，在漫长的历史岁月里逐渐演变，成为仡佬族一种独特的婚俗。早在宋代的文献当中，就有关于仡佬族"打牙"习俗的记载。南宋朱辅在《溪蛮丛笑》中记载："仡佬妻女，年十五六，敲去右边上一齿。"元代的文献如周致中的《异域志》记："有打牙者，谓'打牙仡佬'。"再有李京《云南志

史书中记载的打牙仡佬

略》记："土獠蛮，叙州南，乌蒙北皆是。男子及十四五，则左右击去两齿，然后婚娶。"其中叙州在元代治今天四川宜宾市。乌蒙，是今滇黔交界北段的一座名山。其地域范围概指今川、滇、黔交界处。土獠是"獠"人族称的另一种记音。蛮在元代文献中是对南方族群的泛称。元代所称"土獠蛮"与今贵州仡佬族有源流关系。此处记载的打牙者为男子，年龄在十四五岁，部位在左右两齿。

在岑巩地区的仡佬族，曾经还有"打牙吞齿"的定情仪式。

传说当地有一个英俊的小伙子，天生一副好嗓子，是远近闻名的歌手，但是无田无地，居无定所，只能栖身于洞穴之中，靠替别人帮工维持生活。一天，小伙子下山赶集，遇到一位富家小姐，生得十分漂亮，他便情不自禁地追逐上去，唱歌赞美她的美丽。几首情歌唱下来，富家小姐顿生爱慕之情，无论如何要跟小

知识链接 **打牙习俗的由来** 这种古老的打牙习俗应该是由于仡佬族及其先民居住的环境所致。云贵高原地形复杂，自然条件和居住环境恶劣，多瘴毒、蝮蛇，极易生病或中毒，人们为了灌药抢救之便而常常先打掉伤者的牙齿。

还有一种说法是仡佬族人认为女人留着犬齿会使夫家人丁不旺，为了不妨害夫家，仡家姑娘长到二十岁左右，待嫁闺中，便要把上牙犬齿或者门牙打去一枚或两枚。后来凿齿则作为习俗传承下来，成为仡佬民族文化的重要特征之一，主要体现在婚俗当中。

伙子学唱歌，小伙子自知配不上富家小姐，但对美丽姑娘的爱慕之情使他不能自已。每逢赶集，他们便在一起约会、对歌，分开时都依依难舍，进而私订终身。这件事让富家小姐的父母知道后，坚决阻止，并把小姐锁在家中，小姐不依不饶，绝食抗争。小姐的父母将责任全部推到小伙子身上，派人找到他，当场打掉了两颗门牙。小伙子忍痛把打落的牙齿吞进了肚子里。由于伤势严重，几天后，小伙子死去了，姑娘得知了小伙子的死讯，万念俱灰，纵身一跃，从窗口跳下，殉情而去。这个凄婉的爱情故事，被后人所传诵。仡佬族青年在对歌恋爱过程中，常常以打牙吞齿作为终身结缘的誓言。

到20世纪，仡佬族已经不再有打牙的习俗，但还保留打牙习俗的记忆。据1957年贵州省少数民族社会历史调查组在贵州省普定县白岩区窝子乡和高阳乡的调查材料，当地仡佬族老人回忆，其上一辈人还有打牙习俗，打牙者仅限于青年女子，而且是由自己的舅舅来执行。打牙的动机是为了爱美。不打牙的青年女子会被别人讥笑说："看她还留着两块白碑呢！"不过，从"白碑"的说法来推敲，打牙的部位很有可能是上侧门齿。至今在黔北仡佬族地区还有"打落牙齿不说半句话"的盟咒遗俗。

神秘多样的葬式

死亡意味着一个生命的结束，意味着要为死者寻得一个安稳的栖身之所，以安放灵魂，进入来世，并寄托生者的哀思。这个严肃、庄重而充满神秘色彩的事件就形成了丰富而奇特的丧葬文化。仡佬族及其先民的丧葬文化可谓博大精深，极具特色，源远流长。从濮人岩（悬）棺、岩穴墓（俗称"莱子坟"）到今之仡佬的岩穴墓（俗称仙人洞、老户洞）、石板墓，乃一脉相传。

对于仡佬族及其先民的丧葬习俗，在许多古籍中都有相关记载，比如"葬之岩穴"。明朝田汝成的《炎徼纪闻·蛮夷篇》写道："仡僚（仡佬）……殓死有棺而不葬，置于崖穴间，高者绝地千尺，或临大河，不施蔽盖。"《广西通志》中也记载道："仡人来自黔中，棺而不瘗，置岩穴间，高者拒（距）地千尺。"

到明清时期，仡佬族的葬式开始从岩到穴，从“绝地千尺”到“以石相垒”的演变。明朝嘉靖时《贵州通志》记载“石阡府，苗民司，仡佬丧葬击鼓唱歌，男女围尸跳跃，举哀而散，亦置之山峒间”。但是，不论什么时间或什么地区，仡佬族的丧葬始终保存着“悬”或“岩”或与“石崖（穴）”的特征。而丧葬文化的转变，与仡佬族历经的战乱，居住环境屡遭严重破坏有密切的关系。在仡佬族聚居的川南、黔北和黔中地区，从明初洪武年间的“调北填南”到“改土归流”，从1465年的“成化之征”到1573年的“万历之役”，再到万历二十八年的“平播战争”，明王朝几十万大军对仡佬族地区进行了多次血洗，使仡佬族人民“根株悉拔，种类不遗”，大批仡佬族人惨遭杀戮，使仡佬族人的聚居环境发生了巨大的变化，人口急剧下降。为了免遭杀戮、镇压，许多仡佬族人被迫逃往深山野箐或分散迁徙，或瞒族隐姓，融入当地汉族或者其他少数民族当中，也就加快了其民族文化特征的消失和演进。

僰人悬棺

随后，仡佬族人越来越分散，甚至呈“单家独户”的居住状态，于是，类似于川南“僰人悬棺”的相对集体葬俗风光逐渐消失殆尽，演变为以家族或家庭为单位的“多穴式”或“多涵式”石棺葬。这是仡佬族丧葬习俗变化最明显的表现。由于逃到深山野箐之中，他们也失去了“崖穴”或“悬棺”葬式的“绝地千尺”和“如临大河”的自然条件。因此，随后黔北地区的仡佬族便出现了大量的“人工凿穴”或“置之山洞”的“老户洞”“莱子坟”，直到后来普遍盛行“一墓多穴、‘多涵’”的“父子妻媳合葬墓”的大石板墓葬俗。如在道真仡佬族苗族自治县三桥镇雷家坝青球岩上的“老户洞”，虽然尸骨早已不在并且毁坏较为严重，但是人工开凿的痕迹依然清晰可见；而在道真仡佬族苗族自治县大阡镇的一座石板墓上，至今还留有一副雕刻的“父子同山久，婆媳共地长”的墓志联。

仡佬族文化中，丧葬文化是保存最为完整的，从另一个侧面生动展示了仡佬族人的生活状态和精神追求。无论是悬棺葬、岩穴葬、墓内悬棺葬还是石板墓等，都属于同一体系，它既是仡佬族及其先民丧葬文化在不同时期的表现，也展示了民族文化的延续、变异和发展的轨迹。

悬棺葬

知识链接 在溪河之滨的悬崖绝壁上，打孔钉木桩一排，桩上搁放棺木，横贴着绝壁，称为“悬棺葬”。其中最为著名的就是今四川珙县的“僰人悬棺”。据历代的典籍记载，僰人应当是僚人，与今天的仡佬族有着千丝万缕的联系。

悬棺是西南地区少数民族的一种古老葬俗，仡佬族尤为盛行。人们为何要悬棺高岩，他们用什么方法将沉重的先人灵柩置于悬崖绝壁之上的，这些悬棺千百年来静静地、稳稳地安置在悬崖峭壁上，一系列历史之谜使这些悬棺充满了神圣而又神秘的色彩。

悬棺葬

悬棺棺木形制与汉族棺木截然不同，棺身齐头拱盖，盖为三角形，底似梯形，下宽上窄，头大足小，一般长2米左右，宽0.5米，高0.45米（含棺盖），边厚约4厘米。为了防止棺盖脱落，有的棺木头尾均设有插榫孔洞（即插销和扣榫），有的还在棺盖和棺身相结合处钉了铁爪钉，少数棺头前面钉有“火焰板”或“马头板”。在清理的一些人骨骨架中，发现有打牙的痕迹，这一凿齿习俗的由来和延续也是值得探究的问题。元代的《云南志略·诸麦风俗》载：“人死则以棺木盛之，置于千仞巅崖之上，以先坠落下来为最吉利。”即是说仡佬族人死后，放入棺木之中抬到较高的悬崖上放置，先放入的棺木是最吉利的。

在黔北芙蓉江沿岸，也发现了大量仡佬族悬棺。芙蓉江也属于长江水系，从地理文化的角度看，应该与长江三峡的悬棺是一脉相承的。芙蓉江上的悬棺大多没有用木头担抬，而是利用岩腔和崖隙，一半戳进山体，一半悬在空中。日久天长，棺木风化，风一吹有的悬棺还能像琴一样鸣叫；而尸骨里的磷挥发出来，沾在棺木上，夜间闪闪发光，峡谷格外增加几分幽趣。当地百姓称悬棺叫“癞子坟”，“癞子”是指包括瘟疫在内的一切传染病，因为对死亡的恐惧，相传古时候人们对“癞子”的尸体不是像一些地方那样焚烧，而是迷信山水之险，希望他们在悬崖绝壁，无路可走，就不能再投胎转世，再来人间害人了。如今，当地人还常用“上不沾天，下不沾地”的俗语来形容一个人尴尬和无奈的处境，有一些地方仍然把“下葬”称作“上山”，这些应当都是悬棺文化的影子和延续。

悬棺葬有单墓，也有双棺并排。道真仡佬族苗族自治县境内还残存有数十处悬棺葬，大阡镇铧耳山悬棺葬已被列为省级文物保护单位。

岩穴葬

人死入棺后再把灵柩停放在岩穴里（有的岩穴是天然的，也有的是人工开凿的），称为“岩穴葬”，又叫“岩棺墓”“先人洞”“濮人冢”“徕子坟”等。

山洞是祖先最早的栖息之所，尽管人们早已走出了洞穴，生活在广阔的天地里，但人们认为老人亡故后将其安放洞中与先祖同在是理所当然之事。岩穴葬墓地多为悬崖峭壁，前临溪河，后为峭壁。置棺岩穴，敞而不闭。其墓葬形式，可分为直穴式和横穴式两类，深浅不一。《遵义府志》中关于岩穴葬的相关记载，在峭石凌空，飞猿莫渡的峭壁的半壁洞口中，置有朱棺，“或入或出，莫测其内”。据调查，在仡佬族聚居的道真县境内，便有自然岩穴葬310处，以及10余处

贵州省级文物保护单位——福星铧耳山岩棺

人工开凿岩穴葬。其中最著名的是大阡镇石人马炼洞，下临溪河，绝地千尺，四周树木丛生，洞中琳琅满目的石乳中安置着一座墓室，令人肃然起敬；正安县境内也发现了234具岩棺；习水县境内有三岔河岩墓群，墓室石壁上刻有清晰的渔猎图及“章武三年”字样，被列为省级重点保护文物。

仡佬族葬俗——岩穴葬

岩穴葬可单人一棺占一穴，为了死后互相陪伴，也可以一个家庭聚葬一穴。至今务川、正安等地边远山区，仍有仡佬人行此葬式。

石板葬

在仡佬族地区，你会看到一种独特的葬式——石板葬。它的名称有很多，如“古墓”“暗罐”“地椁”“梭椁”“蛮子坟”“古老坟”“桩桩坟”等，是由人工开凿石板镶成石板棺，置木棺于内，地表无封土的墓葬。

石板墓造型独特，一般前后两头为正方形石板，左右两壁和

仡佬族葬俗——石板棺

底顶用整块长方形石板搭建，板长五六尺，厚五六寸。墓式多为单函，亦有一式双函、四函、六函、八函，最多的有一式十六函。这类墓无墓志碑铭，少数墓只有口传墓主姓氏，如道真仡佬族苗族自治县隆兴镇火石坡有一处十六函的石板墓，据考证是当地申氏八弟兄八妯娌的墓；玉溪镇淞江有一座韩氏八弟兄的八函墓。这些石板墓的外壁较为粗糙，但内壁平整，有的还有人文、龙虎、花卉等图像的浮雕，工艺精美。

石灰坟

石灰坟，即用石灰筑就的坟墓，也是仡佬族人安葬亡人的一种独特葬式。据道真仡佬族张姓族谱牒安葬一节记载："凡安葬，关系甚大，人子尤当究。如心圹（墓坑）既毕（挖好），先布石灰于塘底筑实，厚二三寸。然后用筛过石灰二分，筛过江沙（河沙）、黄土各一分，以乌樟叶浸水成汁，三合拌匀，再下圹底筑实，厚二三寸。四旁纳圹，傍用炭灰抹棺，中用薄板隔灰，墙壁抹平。棺盖上放炭末面上三合泥，轻轻用筑物筑实，再上三合泥，筑实成坟而止，埋碑石于中。"

石灰坟在道真地区已发现多处，如玉溪镇有七座构造一模一样的石灰坟，其墓室大小不能置棺木，只能纳尸体。石灰坟葬法，可以有效地避水侵蚀，防止蛇虫蚂蚁的侵害，避树根伸入棺内。至今仡佬族人安葬亡人时仍保留一些风俗，墓圹挖好后，孝子守圹，将圹底的异物全部清理干净，棺木下圹时，要掀棺盖清理棺材，若不清理守圹，有异物随葬，传说会对后代子孙的成长不利。

生基墓

生基墓，是仡佬族人生前修建的墓地，为老人百年归天后的安置提前做好精心准备。生基墓的修建十分讲究，分为明堂生基和响堂生基，又称"干栏墓""修山"。

明堂生基共上下三层，是在石板墓的基础上，加上石横梁，正面浮刻有二龙抢宝的图案，上方雕凿成履瓦屋面，墓室左右用石柱扣榫，用石板作八字墙，与墓室呈八字形，墓柱上阳刻或阴刻墓对，石板墙面雕刻有墓志铭或家训格言、诗词及各种花鸟鱼虫图案。墙壁上扣瓦屋面似石脊岭，脊岭末端有雕刻的石狮和石鸟，屹立左右。墓门分三截，上截刻有各式花窗，中截是形形色色的《万卷书》，下截是渔、樵、耕、读、牧等民俗图案，形状似生前居住的楼阁大门，为第一层。

第二层是建“阴龛”。“阴龛”的高度和大小根据墓室的多少来定，首先在墓室瓦屋面石脊下竖两根石圆柱，墓室多的则要竖4~6根，石柱上刻对联，柱后便是墓主人的碑位。碑位左右立有小石柱扣榫成八字形石板，刻上孝子贤孙的姓名。

生基墓

第三层是在“阴龛”的瓦屋脊梁正中竖“望山石”。“望山石”上通常有“捧腹罗汉”的浮雕，或雕“太极图”，如今多为“福”“寿”二字。左右两边多镶配刻有三角形的图案，石板与“望山石”形成整体，呈两边矮中间高，犹如一座山的形状，因此修生基墓又叫“修山”。据调查，这种类型的生基墓始于明朝中期，一直延续至今。明代建筑的此类墓，阴龛没有吞口式，如棕坪乡“牟氏佳域”，从右至左横书，墓柱没有对联。墓门壁前通常用一礅礅石长石条封闭墓门，以防盗墓。

响堂生基是相对于明堂生基而言，出现的时间稍晚，大约兴起于清朝嘉庆年间。第一层墓前加宽80~130厘米不等的吞口。吞口前沿基石上竖一根至多根不等的四方石柱或圆柱。上面多为文人墨客题写的诗词或浮雕的各种图案。两函响堂生基的吞口较为宽敞，可以容纳十余人站在其中避雨，人在里面说话还有回音，因此而得名为响堂生基。第二层的“阴龛”在吞口瓦屋面脊岭出竖柱建筑，“望山石”竖在“阴龛”上，建筑式样与明堂生基完全相同。

黔北道真一带的生基墓雕工精细，图像栩栩如生，整体建筑规模宏伟，蔚为壮观。这些生基墓多为夫妻加子媳共墓，独墓单室甚少，但忌翁媳单茔。如大阡镇的一座郑姓墓，其联曰“父子同山久，婆媳共地长”。最为有名的要数忠信镇王寅亮生基墓，夫妻合冢，始建于清光绪三十四年（1908），高5.5米，宽6米，亭廊三层，呈塔形。底层设三墓室，门上图饰：中雕三国人物，左刻状元、书童和花、鹿，右镌花、鸟、虎、狮及人物。檐浮雕二龙戏珠。二层建4柱3殿，刻饰“孟宗哭竹”，“王祥卧冰”。三层为彩堂，彩柱上有蟠龙透雕，两翼凤凰展翅。此墓整体构造俱佳，雕工精湛，在清末墓式中别具一格。

土葬

土葬是一种常见的葬式，即将尸体入棺埋葬入土的墓葬方式，蕴含着我们通常所说的“入土为安”的精神追求。明、清以来大部分仡佬族人家已经放弃了那些费时耗力的特殊葬俗，改行土葬。最早的土葬是将尸体放入挖好的坑内，把土掩上，地表无封土。后来发展为在墓上面起封土堆，称为“坟”。坟区别于墓，墓指死者入葬的地方，坟是在墓上垒起的土堆。葬时挖坑置棺填土，上以石土垒砌坟墓，墓前顶竖一块三角形石板，称“望山石”。有的用料石包坟，墓前壁正中嵌墓碑刻墓主姓名，右刻墓志，左记同胞兄弟姐妹和孝子孝孙姓名，以留后考。

牌坊葬

牌坊葬是专门指贞节女子死后的墓葬，贞节女子死后为请旨立坊，坊立于节妇墓前，称之为立牌坊或牌坊葬。仡佬族也有这种葬俗。通常，少妇夫亡，父母年老，子女年幼，家境贫寒，少妇历尽千辛万苦，废寝忘食，至死不嫁，孝敬父母，供其食、医其病，有尽其养老送终孝道。同时严教其子读诗书，识礼仪，入学中举，报效国家。这样的贞节女子深为民众表率。地方官府或其亲戚向皇上请旨建坊，得到皇上旨意，奉旨立牌于节妇墓前，以显节妇美德，世代敬仰。

竖棺葬

在仡佬族地区发现了一种古老而奇怪的葬式——竖棺葬，即埋葬时将死者头朝天、脚立地置入直立的石板棺中。道真仡佬族苗族自治县在三桥镇接龙乡富村沟有两座周姓的古墓，墓主分别叫周应龙、周应虎。关于这种特殊的葬俗的来历还没有定论。在段成式的《酉阳杂俎》中曾提到过这种葬式，是僚人的一种特殊葬俗，妇女七月生子，死后则用这种竖葬的方式。

倒埋坟

在贵州民间有一种说法叫“横苗竖仡佬”。一般墓葬以头枕山峰，脚朝山脚为顺，仡佬族的这种葬式则相反，脚登山，头枕空。在道真仡佬族苗族自治县的杜家湾发现了一座这样的坟，坟仍是由大石板镶成，传说是在“追苗赶汉”的时候所埋。此坟前高后低，前宽后窄，与一般的石板墓的埋式呈反方向。和竖葬一样，倒埋也是为了让亡灵升天或从山顶上天的意思。

仡佬族古葬俗——倒埋坟

第六章
多神崇拜与宗教信仰

仡佬族的宗教信仰同其他许多民族一样，是从古老的原始信仰传承而来。仡佬族人信仰多神，崇尚万物有灵，这种信仰与崇拜体现在他们日常生产生活中的方方面面，具有十分朴素和务实的特点。

自然崇拜

在过去生产力水平低下、认知能力还不发达的情况下，仡佬族人便把那些与仡佬族先民生产和生活息息相关的事物，如土地、山、水、树、桥、洞、牛、鸟等以人格化或神圣化，为了求得更好的收成和更稳定富足的生活，人们对其赖以生存的几乎所有物体都视为神灵加以崇拜，即崇尚万物有灵，有的一直延续至今。

图腾崇拜

仡佬族人以竹为图腾加以崇拜，大概是由于竹对于仡佬族人的生产生活有着特殊的作用和意义。云贵高原是竹的起源中心，从生态环境的角度来看，仡佬族主要居住地的大娄山脉，处于中亚热带湿润季风气候带，崇山峻岭，地势起伏，垂直差异大，日照少，湿度大，有100多种竹类生长繁衍，遍布于高山深谷。特别是在高寒山区常阔叶林中，成片的方竹能很好发挥水土保持作用，在仡佬族人的生产、生活中，与竹有着千丝万缕的联系。竹笋可食，竹篾可用来编织，竹竿可制作成兵器、弓箭或修房造屋等；捆竹成舟，渡江渡水十分方便。交通闭塞的农耕民族对它的崇拜是区别其他少数民族的独特之处。仡佬族人挑背运农作物要用到竹箩筐、竹背篼、竹篓；晾晒粮食有竹席、竹簸箕；储存粮食有竹围席、竹笼；夜间赶山路用干竹竿或竹篾条扎成火把来照明。日常生活中，竹筷、竹油篓、竹筷筒、竹斗笠、竹麻草鞋、笋壳纳鞋底，体育活动有“打篾鸡蛋”等等，处处都离不

喜竹的仡佬族

知识链接 图腾崇拜是一种原始的宗教形态，在原始人类的信仰中，他们认为本氏族人都源于某种特定的物种，在多数情况下，被认为与某物种具有亲缘关系。比如，在许多图腾神话中，人们认为自己的祖先源于某种动物或植物，图腾信仰便与祖先信仰发生关系，实际上也是一种对祖先的崇拜。

开竹，连生病都是熬苦竹水喝。

仡佬人的生活与竹密不可分

一方水土养一方人，竹是和仡佬族生命相连的植物，对竹的虔诚崇拜，成为仡佬民族一种共同的文化心理。

在仡佬族聚居的道真仡佬族苗族自治县一带，妇女生育后，必须将胎盘深埋于竹丛中，以求得到“竹神”的护佑。修房造屋时，要到竹林中砍竹划篾条，扭成“大缆”，在立房子时作拉绳用。在砍竹时要祭祀“竹神”，立房子在用“大缆”时，也要祭祀竹神。家族祠堂及墓碑上要刻上“拜竹图”。在贞丰县咬贯乡的仡佬族人家在祭祖时，必于神龛上放置一只竹筒以示祖宗灵位。仡佬语称此竹筒为“母舀”。他们视竹为有灵气之物。每年除夕要砍下一根竹子，在它的每一节割上一道口子，放入种子，再逐节灌以清水，等到正月十五将竹剖开观察，看哪类种子发胀得好，当年就多种该作物，足见仡佬族人对竹的崇敬超过一般。

祖先崇拜

仡佬族人对祖先充满了尊敬与崇拜，祖先崇拜可以说是他们心理世界中最重要的一部分，正是由于祖先不辞辛劳开荒辟草，才有今天的绵延不绝的仡佬族子孙后代。族人们认为，祖先虽然离开了阳世间，但那只是躯体的死亡，灵魂却是永远存在的，而祖先的灵魂也同生前一样，需要基本的物质生活，而当子孙们遭受不幸时，祖先具有比生前更大的能力，来保佑子孙免受灾难。

因此，为了表达对祖先的怀念，能够继续蒙受祖先的恩泽，使祖先的亡灵得以安息，仡佬族人十分重视祭祖活动，场面往往也很隆重。在仡佬族重要的节日如春节、农历三月三（祭树节）、五月五（端午节）、七月半、八月十五等节日都要举行祭祖活动。

吃新节上主持祭奠祖先仪式的巫师

对“祖宗神”的崇拜与祭祀是各地仡佬族人的重要活动，在不同的地区，祭祀的形式各有不同。如岑巩一带的仡佬族人在逢年过节、红白喜事、生招满月、立柱建房时都要备办肉酒，在火塘边烧香化纸，敬祭祖先。广西隆林的仡佬族则认为“祖先是最好的神”，本家族祖先的亡灵具有超自然的灵力，所以对祖先要无限地崇敬，按时祭礼供奉，祈求赐福儿孙。清镇仡佬族也不例外，大多数人家都在堂屋后壁正中供有神龛，神龛中间是“天地君亲师”的牌位，家族的宗祖则按左昭右穆的宗法辈分秩序，分列在牌位两边，桌上放有香炉或作插香用的泥团，以供四时祭祀。聚居在贵州毕节地区的仡佬族人家，每年农历的正月初一、三月初三、七月初七，十月初一等重大节日，各家各户都要沿用代代相传的礼仪举行祭祀祖先的活动，他们在清晨准备好祭祀物品后，就背向树枝和食物，仰面闭目，亲切呼唤道：“请老祖公回家过节！”口中念念有词半小时，祭祀活动才结束。

在云南文山州的仡佬族人心目中，祭拜死去的列祖列宗更为重要。因此他们特意为祖先设立了单独的神龛并把他们尊称为“家仙”。因支系的不同，仡佬族供奉“家仙”的地方和方式也各不相同。白仡佬支系供奉“家仙”的神龛设在左边有火塘的房屋墙壁的右上方。通常是用两块小木板在墙上设两个平台，每个平台上放一个香炉，其中一个大一个小，大的放上，小的放下，在祭祀中，大的香炉上三炷香，小的香炉上一炷香。大的香炉是祈求祖先保佑家人平安，小的香炉是祈求祖先保佑六畜兴旺。在神龛旁的房柱上，挂着猪的下颌骨及“七月半”（农历七月十五）

从其他人家苞谷地里“偷”的一对苞谷。而花仡佬、青仡佬、红仡佬三个支系的仡佬族，“家仙”神龛大多设在堂屋正面墙壁与左边卧室墙壁相交处。通常用一小块木板设一平台，以示祖先位置，摆一香炉上三炷香。

务川祭祖盛典

贵州正安县石井乡的仡佬族冯氏，过年祭祖的形式比较特别，是在山上的哑巴洞口举行，而受祭者为雌狐。这种习俗起源于一个传说故事：

冯氏先祖初来此地时，是一片长满水竹林的沼泽地，先祖垦荒建屋，勤于劳作。然而，每次干活回来，都发现饭菜已经做好，却不见有人出现，先祖感觉十分奇怪，一日劳作时，出门后未去垦荒，而是躲在屋侧窥视，发现一只狐狸到门前滚一滚，狐皮脱落后便出现一位美丽的姑娘，她把狐皮藏入石洞，进门淘米做饭。祖先惊讶地推门而入，想问清缘由，姑娘却迅速溜走，无影无踪。次日，他吸取教训，先把洞中狐皮藏起，才进屋与姑娘见面，而姑娘因找不到狐皮，不能变回原形，只得回到屋里说明缘由，与先祖成亲，相继生下儿子。一日，夫妻二人偶生口角，丈夫气愤之下骂妻子为“毛狗精”（狐狸的俗称），妻子受辱离家出走，丈夫在后面追赶。妻子跑到哑巴洞投身而亡，仅仅留下了一双绣花鞋在洞口。丈夫悔恨不已，便在洞口立“仙氏祖婆碑”立志。此后，年年岁岁冯氏子孙都要来此祭祀先祖。

这是祖先崇拜中一种特殊的图腾崇拜。

神灵崇拜

土地神

仡佬族人认为地有地神，万物才得以滋长，土地才有五谷的生长，因此崇拜土地神，通过对土地神的祭祀，能够保佑全年风调雨顺、粮食丰收。后来逐步发展为在重要活动前祭祀土地神。在岑巩地区，土地神按所处方位又分为山神土地、坳神土地、屋上土地和当方土地几种，仡佬族人依照不同的功能敬奉。一般来说，每个仡佬族居住的自然村寨前，均立有一座约三尺高的土地宫，供村寨全体族人供奉。在山上或有山坳处供奉的土地神，往往保佑做手艺的匠人或出门打猎的猎人平安好运，有时家中遇见病患或者不顺之事，也可以到山神土地或坳神土地处敬奉神灵，以求消除灾厄。而大多数仡佬族家庭在大门前立有当方土地，在逢年过节、红白喜事等时备酒肉香纸敬奉，祈祷平安福寿。

田金春一家在老屋前

石阡仡佬族一年之中有春、秋两个社日，两次祭祀土地神。春社日在立春后的第五个戊日，农家要办社饭敬奉土地公婆，祈求一年庄稼丰收，俗称“过社”；秋社日在立秋后的第五个戊日，是农民报谢秋收的祭日。此外还有专门的“谢土”仪式。

水神

仡佬族居住地区有极为丰富的水资源，山泉密布，河流纵横，水是仡佬族人的生命之源，所以仡佬族人敬水为神。为了求得山泉涌泄，细水长流，能够灌溉庄稼，使农田丰茂，每年岁首，仡佬族人都要到水井前，烧香化纸祭拜水神。每逢大年初一寅时，各家各户的仡佬族男人都要到井里挑水，名曰“取银水”，寓意把金银财宝挑进屋，一年四季盈利丰收。而每当上山或下地干活口舌干燥时，在井边取水喝前要取三皮青草，打三个地标放进井内，表示付给水神买水费，否则便激怒了水神，喝水后会引起身体的不适。

火神（灶神）

每年的腊月二十三，仡佬族各家各户都要烧香放炮“送灶”，意为送火神上天归仙，因为从这一天开始，人们便要开始为过春节准备各种各样的食品，天天都需要用到灶火，因此不能得罪了火神。到了腊月三十的晚上，人们再“接灶”，即把火神接回来。“接灶”“送灶”都要烧三炷香、一占纸，再放三个炮火。腊月三十守岁时，仡佬族人也有请火三脚（称亲架）的习惯，家家户户都要烧大火至天明，一是怕火神受到伤害，二是包含不能断火（香火）的意思。另外，仡佬族人凡遇节日、婚嫁、丧葬、生育、建房之时，同样也会在火塘边烧香化纸，表达对火神的尊敬，以求顺利。

务川龙潭村古村“一家亲”

各地仡佬族祭祀火神（灶神）的方式各有不同。广西隆林地区的仡佬族有一个民间传说：

灶神原本在天上，一天，玉帝派他下凡监督凡人是否遵守他对人间所规定的三条法则：不准糟蹋五谷六米、不准欺老骂小、不准欺心害人，并要求灶神将他监督的情况每天向他汇报一次。有一天，一户人家的媳妇在做饭时，把米丢落在水缸里泡了七天八夜，灶神回去向玉帝报告说这个媳妇在家“偷嘴”。观音老母看这个媳妇并非故意而为，便托梦给媳妇说：“你把水里的米饭拿出来，再去山上找一些亮米石放进水缸里，不然会挨雷公电母之惩罚。”媳妇第二天醒来，立即照梦中观音老母的话去做，待雷公电母来查，发现水缸中不是白米，而是亮米石，便拿上天去交给玉帝。玉帝拿这些亮米石给灶神，灶神一咬，全是石头不是米饭，玉帝就打了灶神一个耳光，把他耳朵给打聋了。玉帝说：“以后你不用每天一报了，只在每年腊月二十四回来汇报就可以了。”于是，人们把灶神当作玉帝的“钦差大臣”，在腊月二十四日做汤圆祭祀灶神（即火神），祈求灶王上天向玉帝汇报时能多说好话，争取“天官赐福”。

清镇一带的仡佬族人在腊月二十三的晚上用麻糖来祭灶神，希望灶神吃后嘴被封住，就不能向玉帝胡乱说话了，然后在正月初一的凌晨，再用四只鸡正式祭灶神菩萨。

桥神

岑巩地区的仡佬族敬桥神，有架桥求子保平安的习俗。结婚几年没有孩子的夫妇可以请路桥先生在人群常经过的路边架一座桥，叫“送子桥”。如果孩子体弱多病，也要在路边架一座桥，叫“扶子桥”。架桥时要求主人自己砍三根三尺六寸长的杉木棒，请木匠做成排，在桥排上用五色或七色布条扎在两头，并准备六个糍粑、一块豆腐、一块刀头肉，烧香焚纸后请路桥先生在夜深人静时去架，架桥时，先生要烧香纸念咒语，以祈祷平安。同时，姑娘出嫁时不能从桥上走过，否则会得罪“桥神”，不吉利。

知识链接 **洞神** 岑巩仡佬族人崇拜洞神。在遇干旱时，必祭洞神祈求赐降甘露，滋润庄稼，以保农业丰收。在清康熙时的《思州府志》中还有仡佬族祭祀“洞神”的记载，人们把当地高峻陡峭的白崖视为仙山，将白崖洞视为神洞，认为洞中的神仙可以保佑人们风调雨顺、五谷丰登。

祭树神 ▶

祭树神 ▶

树神

在仡佬族的传说和神话中，祖先与树有着十分密切的关系。

传说在很久以前，天上的仙人逐渐增多，食品日益紧张，玉皇大帝决定派一些仙人到凡间去谋生，仡佬人的祖先也被派下来。他们由金角（老龙）和沙达（老蛇）护送至大地，白天打猎、挖山药、摘野果充饥，晚上在树上过夜。经过祖先艰苦奋斗，开荒种地，修建房子，逐步从树上搬到房内居住，日子越过越好。

也就是说仡佬族祖先最早的生存和发展都与树息息相关，仡佬族后人感恩树木，认为树木为他们提供繁衍生息之地，为了祭拜树木，仡佬人把农历三月三定为“祭树节”。各地仡佬族人都会祭拜树神，许下心愿。

清镇的仡佬族人每年三月三，由寨中头人推选两人负责购买肥猪一头祭祀神树。其余人到附近山上神树祭祀点做准备工作。祭祀仪式正式开始后，主持人用仡佬语向神树说：“求神树保佑来年风调雨顺，不下白雨（冰雹），家家户户五谷丰登。”随后用神架上的横梁敲一下猪头，再杀猪煮熟，各家分食，猪头则分给来年负责买猪的头人。在六盘水居都的仡佬族人，每个姓氏都有自己的祭祀树，大家各自祭拜。祭祀树只能在青冈树、冬青树和香樟树中选择，并且是箐林中最为古老和高大的，象征着生命的繁茂。祭祀地的选择也往往在林中最具生命力之处，也是各自隐秘的祭祀点。祭祀时，其他姓氏的外人和妇女均不能参加。此外，祭祀用语全部为仡佬语，禁止在祭祀场所说其他民族的语言。广西隆林一带的仡佬族人是在每年八月十五祭树，并且只拜青冈树，祈求树神保佑来年风调雨顺，六畜兴旺，老少安康。

山神

仡佬族人世世代代与山为伴，山是仡佬族人生活的场所也是他们生活的来源所在，因此山对于仡佬族人来说是神圣而威严的。仡佬族人流传着祖先的一句话：“吃哪山的水，变哪山的鬼，以祭山为大。”仡佬族人每年祭山，祈求山神保佑豺狼虎豹不要侵扰家畜。

在贵州安顺普定一带，仡佬族人的祭山活动颇有规模，固定在农历的三月初二或初三举行。祭山前三天，主祭人每晚都要提灯笼用仡佬语高呼请祖先三遍，在初二或初三上山前再请三遍。祭山时，人们跪在山神前，只见祭师手持一只鸡连唱九遍“祭山词”，唱罢，人们方可起身。随后，祭师唱“交牲词”，请神灵享受祭品，到场的每人都可以分食一碗汤。最后，祭师唱“送祖词”，放鞭炮表示祭祀结束。

清镇仡佬族则通过在离村寨较远的山上建造山王庙来拜祭山

王菩萨，祈求菩萨不让野兽伤人和偷吃家畜，保护农家安全。

六盘水居都的仡佬族也有在“三月三”用牲祭山祭树的习俗，一般用牙猪，现在多用公鸡代替，由长房主事人带领族人分三天完成。在三月第一个虎（即甲子逢寅）场天的上午，长房主事人带领同宗姓人家男人，带上相应物品，上山到“中箐”进行初祭，并按照杀牲念咒的规则，用仡佬语实现与祖先的对话。第二天，人们在屋子的灶台边，各自向祖先敬酒献饭。第三天，是隆重盛大的祭山祭树日子，各家都要带鸡上山，准备好九个饭团、大量白酒、竹子和粑粑龙等，讲究的人家在上山前还要先看鸡卦。所有的妇女都要守在家里，不能上山，而其他族人到了山上“大箐”处，各自架锅安灶，剖竹搭棚，做祭祀前的准备。准备完成后，由长房主事人一面操刀，一面念仡佬语进行祈祷，内容也比初祭时复杂，以此表达人们缅怀祖先的心情和祈祷当年好收成的愿望。最后，在所有人欢宴痛饮、吃饱喝足后，祭祀才宣告结束。

知识链接 **神鹰与葫芦** 贵州务川一带仡佬族人把岩鹰与葫芦作为崇拜的对象。相传远古时候，天神派下凡的神鹰拯救了被困于洪水中的葫芦，内藏有仡佬族兄妹二人，获救后的兄妹二人在天神的旨意下成婚，在当地繁衍子孙，于是就有了今天这一地区的仡佬族人。所以，务川仡佬人祭拜神鹰以表示不忘救命之恩，祭拜葫芦希望多子多孙，子孙发达。

米神

在黔北一些地区，仡佬族人将每天食用的大米奉为神灵，称为“米神”，加以崇拜，凤冈县内绥阳镇流传着关于米神的神像和传说，还形成了一套完整的祭祀程序。每年的腊月三十，家家户户都要祭祀化为“蛮王娘娘”的米神，祈求来年谷米充盈。祭祀米神时，会在堂屋中间放一只大簸箕，用升子装满大米放在簸箕中央，米上插着一把秤，挂12束长钱（烧纸一类），在升子的四方各摆放一盘糯米糍粑，再摆上米酒、鸡蛋、茶香烛和钱纸，大家烧纸跪拜，然后分食祭祀的糍粑米酒等。秤杆上所挂的长钱要等到过完春节再取下来烧掉，祈求这杆秤天天都称满米谷，年年丰收。

岑巩县凯本乡的仡佬族人，每年农历腊月十二要吃斋敬祭

“米神婆婆”，以青菜叶、豆腐、清茶等作为祭品，在桌下摆米，祭祀时焚香烧纸，并念咒语感谢“米神婆婆”恩赐当年五谷丰登，也祈祷来年收成更好。

蜘蛛神

在黔北凤冈县的一些仡佬族聚居地，还有祭祀蜘蛛神的习俗。据说在元末明初，这一带的“苗僚”（仡佬族）不服王化，不愿归顺，遭到明军的追剿，一路追到大都坝的杨家寨，家家户户都奔走逃命，其中有一人逃跑不及，被迫躲进一处岩洞藏身。此人进入岩洞后，就有若干蜘蛛布网封住了洞门，使得官军无法追捕，杨姓祖宗才得以保命和繁衍，才有了今天的杨家寨。因此，杨氏子孙为感激蜘蛛的救命之恩，奉蜘蛛为神，年年祭祀。每年的大年三十，族长倒背着蓑衣，带领族人来到岩洞前，摆下三个刀头（分别为生猪肉、熟猪肉和半生半熟的猪肉各一个），然后烧钱化纸，焚香祷告，族长念咒语，族首率领族人跪拜。后来，祭祀蜘蛛神的活动改到了寨内，在屋后泥土中砌成一米高的石穴，而祭祀的供物和程序未变，并且在腊月二十四“打扬尘”（打扫卫生）时也不动蜘蛛，让它在原处生存。这种祭祀蜘蛛神的仪式一直持续到新中国建立初期。

牛王

对山地农耕民族来说，耕牛在生产劳作过程中具有十分重要的意义，许多民族都十分珍视耕牛。仡佬族同样如此，如清镇一带的仡佬族选择在十月初一这天祭祀牛王。这一天，耕牛不仅不用下地干活儿，还可以享受极高的待遇。一大清早，主人会打好糍粑，把耕牛牵出，给它吃大盆的由碾碎的米面和铡细的草做成的美食，随后在香案上摆上糍粑，烧香纸进行祷告，祈求牛王菩萨保佑牛健壮勤劳。祷告完后，还会编织一个漂亮的花环戴在牛头上，牵着牛到河边，让牛儿在河水中照自己的倒影，再给牛儿喂食糍粑和细草，以表达对耕牛一年四季辛苦劳作的感谢。

敬宝王

仡佬族是世界上最早发现和运用朱砂的民族，早在新旧石器

宝王菩萨

时期就发现和运用了朱砂，并掌握了丹砂冶炼的技术。早在商代太戊为王时就炼出了水银，成为世界上最早的化学先驱。而务川可谓是世界上最早的朱砂产地和炼丹中心，早在夏、商时就批量生产，秦朝时就有大量的方士术士到这里炼“长生不老丹”。

仡佬族地区自古盛产朱砂，因此将“宝王”视为开矿冶炼时的幸运神加以敬奉。据说，宝王确有其人，大约生活在商周之际。相传他出生在务川的金鸡山下，年幼时父母早逝，独自一人在金鸡山下开荒辟草，艰难度日。一个偶然的机会，他在金鸡山下一个叫大青洞的洞里，发现了闪耀着血红色光泽的砂粒，于是开始从矿石中淘取丹砂（朱砂）。武王伐纣之际，宝王把他淘取的丹砂献给武王，武王得之，视为吉祥的宝物，封他为“宝王”。宝王死后，族人为了纪念他，建起了宝王庙。当地的仡佬族人承继他的智慧，发明了用朱砂炼取水银（汞）的技术，并以此拓展出一条与中原的交融途径。因此，仡佬族有祭祀宝王菩萨的习俗。

在务川仡佬族苗族县的大评板场、三坑、木悠等地，每当仡佬族人要进山或进洞开采时，都要在山王庙、岩石旁或槽子洞口祭祀宝王菩萨，希望宝王菩萨能够保佑他们顺利找到矿产，出入平安。

民神崇拜

由于仡佬族长期与汉族杂居，受汉族文化的影响程度很深，儒家的思想意识和佛教、道教的规则礼仪也日渐向仡佬族渗透，因此，仡佬族人在笃信传统宗教信仰的同时，也在一定程度上接受一些儒、释、道的思想和宗教礼仪。清代以后，许多仡佬族人家中的堂屋中，都供起了“天地君亲师位”及观音菩萨、文昌帝君、招财童子、进宝郎君、灶君夫子等神位。

有一定技术的人员也会依各自师传的教规门派祭祀自己的祖师，如巫医要祭祀药王，木匠、石匠等要敬奉鲁班，铁匠要敬李老君，染织匠要敬梅葛二仙，屠夫敬桓侯，猎户敬梅山神等。每逢农历二月十九、六月十九和九月十九的观音圣会，许多仡佬族人也会到道观、佛寺、尼庵等地朝山拜佛赶香会。

第七章
“回归”的民族

仡佬族在今天担负着重建和复兴本民族传统文化的重任，无论政府还是民间都为此不懈努力，积累了宝贵的经验，通过强化共同的血缘地缘关系、历史记忆和信仰，增强传统文化的感染力和民族自信心，深化民族认同。

自古以来，中华民族的祖先就共同劳动、生息、繁殖在这块广大的土地之上，然而，历代的反动统治阶级往往采取民族压迫、民族歧视的政策，肆意抹杀各个民族在中国社会历史进程中的贡献和应有的地位，甚至否认中国是一个多民族的国家，否认各少数民族的客观存在。即使是1911年辛亥革命后，创建了“共和体制”的国民党政府，仍然将少数民族视为“国族”分支的存在，从而剥夺了中国境内众多少数民族在经济、文化、政治等方面的各种权利。

新中国建立后，中国共产党及其领导下的中国政府实行民族平等政策，为了帮助少数民族发展政治、经济和文化事业，改善了民族关系，确立少数民族主人翁地位，这就必须进行民族识别工作。自20世纪50年代初期起，民族识别问题被提到中央民族工作的日程上来，其目的是“以便国家用法律形式规定下来，帮助他们充分享受民族平等和民族区域自治的权利，发展民族经济和文化事业，发挥他们在祖国社会主义革命和建设中的积极性，促使各少数民族尽快地跻身于先进民族的行列”。

知识链接 民族识别是一个国家对民族族体的认定。在中国化的语境里，民族识别是依据中国共产党的民族政策、结合中国民族的客观实际，是落实民族平等、共同繁荣的新举措，亦是新中国建立以来民族工作的伟大壮举。

对仡佬族的民族识别

我国各民族发展极不平衡，历史上各民族之间又有着密切的交往，因而彼此相互影响，在具体的识别过程中，情况是复杂的。国家民委《民族识别工作经验总结》中谈道：有一些民族正处在融合和分化的过程之中，有的民族的共同特征在发展，有的民族却已接受了邻近的其他民族的影响，原有的某些共同特征逐渐消失，但有着强烈的民族感情，因此有的民族的民族特征比较显著，有些民族的民族特征则仅在某一方面比较明显，有的民族的特征则仅仅是一种残存现象。而需要调查研究加以识别的一些民族成分，往往都是属于民族特征比较不明显，从表面上看来难于分辨他们是汉族还是少数民族、是单一的少数民族还是某一个少数民族的一部分。仡佬族就是这样一个典型。在识别过程中必须从语言、文化生活、居住地域等方面搜集材料、细心研究和分析，找出足以维系其成为一个民族的共同性或特点，即使是只有几个特点或者是残存现象，我们都应当和该民族自身的历史发展联系起来，将之作为识别民族的客观因素加以重视，例如仡佬族有一定的共同居住地域或在文化生活方面仍然保留了某些特点，特别是他们在局部地区仍保存和使用本民族固有的语言。这些历史上形成的共同性和特点正是构成一个单一民族，区别于其他民族的客观因素，我们都肯定他们是单一的少数民族。

关于仡佬族的识别，著名的民族学家费孝通先生和王静如曾著有一篇《关于仡佬民族成分的报告》，可以看出识别的主要标准如下：

史籍记载中的锅圈仡佬

锅圈仡佬

关于民族语言

仡佬族具有自己的语言，贵州西部（毕节、安顺区等）的仡佬人还有保持他们本族语言的。经过调查初步分析可以确定，仡佬语是一种独立语言，属于哪一语系现在还不能确定。而且现有仡佬语中还有不同方言。贵州仡佬人中有大部分已经不会说仡佬语，他们通用当地汉语或彝语。单纯从共同的语言一项，无法将不同地区的仡佬人识别为同一个民族。

关于共同的经济生活

仡佬人居住既然这样分

锅圈仡佬

散，在经济上不可能构成一个内在密切联系的单位，一般是和当地其他民族有密切经济联系，而且还有一个特点，就是有部分仡佬人以专门手工业出名的，如打铁仡佬掌握土法炼钢铁的技术，至现在还以土法铁具供应其他民族。又如锅圈仡佬以专长纺织斜纹布著名，而且男女都从事纺织，这说明在历史上仡佬人和其他民族在经济上已有联系。

由此可见，生活在贵州的各族先民早已经拥有共同的经济生活，这一点也无法做出判断。

关于自身历史发展

仡佬族的识别主要是从族群自身的历史发展和自身认同作为依据的。如果从斯大林民族定义的四个标准来生搬硬套的话，仡佬族的识别就出现了困惑，可以将其认同为汉族或其他少数民族，但是仡佬人在贵州是公认的原有族群，从历史上看，很早贵州就有仡佬人，在现在贵州各族人进入贵州之前，仡佬人已经在贵州了，这是现在贵州各族人民都公认的。彝族文字记载提到在他们进入贵州是遇到比他们先在的仡佬人，而且那时仡佬人已经有政治组织。苗人和布依人都有传说，他们现在所住的地方原来都是有仡佬人住的，而且农作技术、营造房屋等都会请教仡佬人，至今还有仪式留存。

在历史过程中，仡佬人曾经不断受到后来的民族的欺侮、排挤和压迫，受不同的民族的长期统治，命运悲惨，有大部分已经被同化了，现在还有这类具体的例子。但是尽管压迫这样严重，还有一部分仡佬人保留至今，这一部分人在心理上也有创伤，他们很怕和外族人接触，畏缩犹豫。如中央访问团在安顺曾找到仡佬人，但面谈一场，什么话也没有说。

与此同时，仡佬族内部存在强烈的、自觉的民族认同感：

仡佬人虽则住的很分散，但是内部有社会联系，问起来，互通声气的范围很广，他们知道哪里有自己本族人，而且尽可能的找本族人通婚，他们具有显著的民族意识。仡佬人原来已是在消亡过程中，但是在党的民族政策下，他们获得了新生，现在已经享受到平等的待遇。但是经济落后，心理畏缩，事实上的平等还没有达到。

比如在务川一带的民族识别过程中，政府通过积极的号召和鼓励，促使许多人逐渐接受并积极构建对仡佬族的认同，主动要求恢复自己的仡佬族的民族成分。镇南乡红卫村的老人们说："我们谢姓起祖于镇南场附近的水竹园，又叫'古仡佬'。我们的祖坟是石板墓，一坟葬九函，还有的葬岩穴，祖祖辈辈相传我们是濮人。"大漆乡三担村的老人们说："我们祖辈以生产朱砂、水银为业。代代相传我们是僚人，现在我们埋葬老人还用石板棺。"

由此种种，我们首先应当承认他们是一个独立的民族单位，并且要肯定他们在开发贵州甚至西南地区发挥的重要作用和历史地位，扭转他们衰亡的趋向。民族识别工作者认为，因为他们过去曾受到不幸的遭遇，我们应当特别注意帮助他们，照顾他们，这样做也可以更清楚地体现我们的民族政策。

民族区域自治

1950年12月9日，贵州省人民政府在《关于少数民族地区工作的指示》中确定："贵州少数民族的政权建设，基本上是个民族联合政府问题，在部分区、乡、村及个别县则是少数民族区域自治问题。"同时确定"民族杂居地区，到有了相当数量干部时，成立各级政府委员会。按各族人口比例吸收各族适量名额的干部参加各部门的工作”。“少数民族聚居地区，条件具备时应实行区域自治。”根据上述决定，贵州省实行民族区域自治工作分两步走，首先成立联合政府，再成立区域自治地方。于是，广大仡佬族地区开始了民族区域自治的历史实践。

中国第一仡佬族乡的成立

平正，原名平家寨，位于遵义县西北山地。1953年，中央政府开始了民族识别工作，对全国提出的400多个民族名称进行识别，其中有仡佬这一族别。平正村的仡佬族人自称“哈仡”，被当地汉族称为“仡佬”，并从《遵义府志》的相关记载中找到依据，向遵义县人民政府申请要求恢复其仡佬族别，引起了当时县政府的高度重视，并召开了专门的会议，由县民政科杨朝升、田兴才（仡佬族）和县工商联主任郭正铭组成工作小组深入平正村调研。发现平正村要求恢复族别的少数民族，其语言、服饰、风俗不同于当地苗族、彝族和汉族，在充分尊重仡佬族人意愿的基础上，恢复了他们的仡佬族别。当时，全国仅有仡佬族两万余人，而平正村是仡佬族相对集中的地方。就平正乡而言，仡佬族也占有人数上的绝对优势，成为当地的主体少数民族，1956年，遵义县委、县政府将原平正村改为平正仡佬族乡，将原干溪乡的白果、大房和堰塘组划入平正乡行政管理区划。1956年12月3

平正仡佬族乡人民政府

日，平正仡佬族乡成立大会正式召开。至此，中国第一个仡佬族乡便诞生了。

民族自治县的成立

十一届三中全会以后，国务院、国家民委和贵州省人民政府相继发出了开展民族识别和恢复民族成分的有关文件。国务院人口普查领导小组、公安部、国家民委联合发出［1981］民政字第240号文件《湘鄂川黔四省边境邻近地区部分群众恢复土家族成分工作座谈会议纪要》，贵州省人民政府发出［1981］黔府第字112号文件《贵州省人民政府批转省民族识别工作座谈会纪要的通知》，贵州省人口普查领导小组、省公安厅、省民委联合发出《关于认真贯彻党的民族政策，做好民族成分的填报工作的通知》等文件，开始了对贵州少数民族的识别和恢复民族成分的工作。

在黔北地区，工作人员走访了务川、道真、正安、凤冈、思南等地，在民族成分的恢复过程中，总体原则是：一、坚持本人自愿申报；二、坚持群众评议并认可；三、坚持张榜公布；四、坚持组织严格审查把关，报请上级组织批准，遵循对一个民族的认定，必须要有历史记载、民族特点、民族意识和民族意愿。并经贵州省民委组织民族学专家胡积德、翁家烈等长期从事仡佬族研究的专家以及各地领导干部组成的省地联合考察组到各地实地考察、组织座谈、个别走访，在充分尊重申报人意愿的同时，查阅大量相关史籍，从历史、文化特征、考古等方面进行综合考察，并写出《关于对务川、道真等县部分群众要求恢复仡佬

道真仡佬族苗族自治县

族成分考察报告》。

1986年，根据国务院国函［1986］101号文件和115号文件的批复，分别决定撤销务川县和道真县，成立务川仡佬族苗族自治县和道真仡佬族苗族自治县，分别于1987年11月26日和29日举行了隆重的成立庆典。这两个自治县也是全国仅有的两个以仡佬族命名的县级自治地方。

仡佬族的文化传承与发展

仡佬族的文化现状

如今，在我国少数民族当中，仡佬族的名字也并不响亮，对民族问题较少关注的人们甚至没有听说过这个民族，这个“西南最先的开荒鼻祖，贵州最早的土著民族”，没有获得她应有的知名度。最主要的原因是仡佬族文化经历了几次大规模的整合后，失去了自己文化独有的代表元素，或者说文化象征。比如苗族的服饰、侗族的建筑，都是其民族文化中突出的内容，是能够让人们认识他们并记住他们的闪光点。而仡佬族的传统文化，却由于种种原因，逐渐淹没在历史长河之中，淹没在周围的其他民族文化之中，语言、服饰等代表性文化元素都已濒于消失。由于仡佬族文化的这种整体缺失，许多人对仡佬族文化难有切实的体会，对仡佬族没有一个直观的印象。

务川县城

务川中学

随着时代的进步，仡佬族文化受到现代文明的强烈冲击在所难免，目前看来，长期与汉族及其他民族交往的仡佬族地区，经济发展相对较快，但从民族语言和风俗习惯方面来看，却是被同化和流失现象最为严重的地区，如遵义市的务川和道真自治县，作为仡佬族人聚居的大本营，却鲜有人会说仡佬族语言，有的人甚至不知道自己的民族是否有语言，服饰也完全汉化。在遵义县平正仡佬族乡，仡佬族人口占了大多数，可是由于长期与汉、苗族等民族杂居共处，民族文化流失比较严重，只有部分年长的老人还会说仡佬族语言，服饰也只有在节日或表演的时候才穿。而在六枝特区的居都村，是目前发现的仡佬族传统文化保存最完整的地方，生活在这里的仡佬族人还较好地保存着本民族的语言、服饰、节日及生活习俗。但这个小村所处地理位置极为偏僻，交通不便，与外界接触很少，甚至不为人所知。然而，发展需要开放和交流，需要吸收其他民族的优秀文化，而传统文化的完整保存则往往与封闭落后等问题紧密相连。这始终是我国少数民族文化发展传承问题上的一个普遍性难题。

仡佬族是一个历史悠久、文化底蕴深厚的民族，她曾在历史上创造出灿烂的文明，许多文化痕迹遗留至今，仍然影响着现在人们的观念意识或者生活方式。如今的仡佬族人，在勤劳致富，迈向现代化的征程中，也有了更高的精神追求，开始寻找自己的民族之根、文化之源。

仡佬族文化发展愿景

对于大部分仡佬族来说，长期隐姓埋名，融合于当地汉族及其他民族当中，在民族识别过程中得以恢复，这种“恢复”“复兴”在很大程度上即是争取政治权利和经济利益的驱动力。

遵义市是目前全国仡佬族居住较为集中、人口最多的地区，辖区内拥有务川和道真仡佬族苗族自治县以及被称为“中国仡佬第一乡”的平正仡佬族乡，在对仡佬族文化的传承和发扬上扮演着重要角色，并发挥了积极重要的作用。

务川和道真是全国仅有的两个以仡佬族命名的自治县，这一地区的仡佬族在民国时期及其以前，由于民族歧视等种种原因，长期隐姓埋名，隐瞒其民族成分，因此民族文化的传承也受到了巨大的影响和破坏，直到新中国成立后，应广大群众的要求又逐渐恢复了其民族成分，并于1986年改设了务川、道真仡佬族苗族自治县。可以说，无论是政府导向还是民间的自发要求，这一地区的仡佬族是恢复的仡佬族，这一地区的仡佬族文化在某种程度上来说也是一种恢复的文化，这种文化是否具有生命力，必须看它是否适应现代社会的发展。

近年来，随着构建和谐社会的倡导深入人心，无论官方还是民间，对仡佬族传统文化的保护和传承越来越重视，人们希望并不断探索努力，让这个苦难的古老民族重新绽放光彩。

务川仡佬族苗族自治县是仡佬族的发源地，被称为“丹砂古县，仡佬之源”。洪渡河在这里蜿蜒流过，蕴含的是仡佬族人的历史，九天母石诉说仡佬族先民起源的古老传说。而崇山峻岭的地理环境告诉我们仡佬族先民开辟土地、创建家园的艰辛。如今，地理位置偏远的务川仍然属于国家级贫困县，他们在打造现代化和谐社会的进程中，已将仡佬族这个名字与整个县紧密相连，将发展民族文化与振兴经济融为一体。

仡佬族文化宣传

在仡佬族文化集中的大坪镇，依托着遵义市的“四在农家”新农村建设活动，着力打造充满浓郁民族特色的新型乡镇，在这里，一栋栋崭新的仡佬族民居沿街而建，统一的蓝灰色外墙，清新整洁，暗红的木质窗户上装饰着务川仡佬族特有的民间纸牌——大贰中的四个符号，依次是纸牌中的大六、大七、大八、

仡佬族民居装饰

大十，分别代表了“天、地、人、和”。四个纸牌符号的中间是一个独特的丹炉图案，代表务川仡佬族悠久灿烂的丹砂文化。

大坪镇的龙潭古村是一座仡佬族聚居的千年古村，更是全省唯一的仡佬族民族文化村，至今保存完好的仡佬族古建筑群属于省级重点文物保护单位，是大力弘扬仡佬族文化的有利场所。如今，务川自治县人民政府将民间自发进行的祭祖活动统一组织起来，每年定期在龙潭古村洪渡河畔的九天母石举行大规模的仡佬族朝天祭祖大会，“九天先祖，先祖神明，族裔齐聚，大祭于今，礼乐齐备，众心虔诚，祖飨供奉，万方泰平。”还借此机会开展系列仡佬族传统文化活动，如仡佬族歌舞、体育活动，努力打造成为仡佬族文化旅游节。邀请全国众多专家学者参加，召开学术座谈会议，就仡佬族文化发展这一共同关心的问题展开探讨。

龙潭仡佬古寨

此外，政府还将仡佬族民间自发的吃新节等传统节日组织起来，形成政府组织，群众参与的民族节日，一方面增大了节日的规模，解决了群众活动所需的资金，激发了群众参与的积极性，也扩大了传统民族节日的影响力。这些举措为宣传和发扬仡佬族民族文化起到了积极的引导作用，官方通过积极的宣传和组织各项活动提升了当地的知名度，推动了旅游业的发展，为当地群众带来了切实的利益，激发了广大群众的民族认同和对民族文化价值的认识，自发地保护和传承本民族传统文化。

一方面，务川在努力打造仡佬族民族文化，宣传仡佬族，力争把务川建设成为“中国仡佬文化中心”；另一方面也着力打造一批民族企业，构建民族文化产业链，带动地方经济发展。比如，着力打造当地的民族特色产品，比如野生百合粉，银杏及其相关产品，使其成为能够代表仡佬族的精品特产，与仡佬文化一起推向市场。

龙潭村

道真仡佬族苗族自治县与务川相邻，地理环境和人文环境都具有较大的相似性。道真境内同样有着绚烂多姿的仡佬族民间文化，主要有墓葬文化中的“岩棺葬”与“倒埋葬”、歌舞文化中的“打闹歌”与“哭嫁歌”、饮食文化中的“油茶”与“三幺台”、体育文化中的“打篾鸡蛋”与“高台舞狮”等等。而最为突出的还要当属道真仡佬族的傩文化。

傩文化在道真地区传入历史久远，至迟在元明时期就已传入，在六七百年的岁月里，道真傩文化融入了地方特色和民族特色，至今保存完整，且表现形式多种多样，内容丰富多彩，影响着人们生活的方方面面。

傩文化受到中外学者的极大关注。早在1990年，日本学者广田律子来到道真，对傩戏做了十余日的专题调查，并在所编写的《中国少数民族的假面剧》（日本木耳社1991年4月版）一书中以三万字的篇幅介绍道真傩戏。2002年，日本早稻田大学稻田耕一郎教授所主持的“出土文物、祭祀礼仪与中国基层文化之研究”国际合作课题组六位成员光临道真考察傩文化，2004年，早稻田大学相关学者再次来到道真，除了考察傩戏文化外，还将研究领域扩大到了道真仡佬族的丧葬文化。2004年1月，韩国庆尚大学的13位专家也曾来到道真，称道真仡佬族傩文化为“东方文化的亮点”。近年来，贵州民族学院（西南）傩文化研究中心一直将道真作为重要研究基地。

文化部颁发的“傩戏·仡佬族傩戏”国家级非物质文化遗产牌匾

然而，随着时代的进步，仡佬族人的生活方式也发生着巨大的变迁，包括傩文化在内的民族传统文化的未来走向也面临着巨大的危机和挑战。一批批老艺人相继离世，年轻一代继承这一传统文化的人越来越少，这正是我们对傩文化前景的忧虑。2008年，仡佬族傩戏被列入国家级非物质文化遗产名录，进行重点保护。

傩文化馆

道真自治县民族宗教事务局着力打造傩文化成为道真民族民间特色文化的核心内容，并于2007年专门建立傩文化馆，对散落民间的傩戏面具、法器、书籍等资料进行收集整理，妥善保存。其中展出内容分为“前言”“传承与分布”“各类法物”“傩堂”“表现形式”“冲傩剪辑”“文献”“傩面具”“研究与影响”等部分，并以实物、文字、图片为表现手段进行布置。其中陈列、展出傩面具87面、古籍569册、当代文献40余册、服饰30余件。至今已接待了来自各地的文化专家3 000余人，为保护傩文化、宣传傩文化做了大量的工作。

此外，还加强与外界学术界及社会各界的交流学习，并结合实际情况，于2009年5月对隆兴、上坝等乡镇的重点傩坛实施挂牌保护，随后又组织三桥镇接龙村、隆兴镇杉木村、玉溪镇构树村、河口乡三坝村坛班参加“走进神秘仡乡，感受原始道真”旅

中华仡佬文化博览园

游推介活动，并在“中国·遵义黔北傩文化国际学术研讨会”上进行傩艺表演，为进一步增大道真仡佬族原生态傩文化的知名度和影响力做了许多重要的工作。在实践中不断探索有效的途径保护宗教戏剧文化中的这一“活化石”。

遵义县平正仡佬族乡拥有丰富的民族文化资源，保留了仡佬族原生态的踩堂舞、阳戏、婚丧习俗、祭祀、声乐、蜡染、民族语言及传统的服饰等民族民间文化，并拥有风景秀丽的黑脚崖瀑布群，在瀑布群的洞口有一个红军洞，长征时期当地仡佬族群众曾经在此隐藏营救了23个红军伤员，并留下了很多传奇故事，可以说，红色文化和仡佬文化在平正乡交融。

2006年1月，遵义县平正仡佬族乡成功申报为“中国仡佬第一乡”；遵义市音乐家协会把平正确定为“中国仡佬音乐创作基地”；贵州省民委把平正确定为“贵州省第一仡佬族语言培训基地”，至今已开展了七期培训，还组建了仡佬族歌舞队，专为游客表演原生态仡佬歌舞。

在保护和传承仡佬族传统文化方面，平正乡也下了很大力气。为了进一步挖掘整理仡佬文化，平正乡专门成立了仡佬文化传承促进会，组织人员深入调查并走访平正外出的仡佬族人，了解本民族的饮食、传统节日、服饰、语言等，目前已收集整理了仡佬族语言的单词及短语5 000多个（则），仡佬山歌、情歌、排歌、故事数百首（个），复制出了老中青幼的民族盛装和常装700余套。为了让挖掘整理的仡佬族语言、民族歌舞传承和弘扬，平正乡决定把民族语言、歌舞列入当地中小学校的教育教学内容，每周在平正民族中学和民族小学每班开设两级语言、民族歌舞“双语课”。目前，正在组织编写校本教材。平正乡还对前不久刚发现和认证的仡佬族古文字进行广泛宣传，带领广大群众学习和使用民族文字，还举办仡佬族文字书法大赛，通过各种形式让人们接触和认识仡佬族这一珍贵的民族文化符号，期待这一尘封了千百年的古老文字复活。

平正仡佬族乡还有一项重要举措是创建仡佬族原生态民族风情园，命名为“中华仡佬文化博览园”。

在历史文化名城遵义，遵义会议会址和国酒茅台被誉为两大文化品牌，如今，这一地区所蕴含的夜郎古国王族——仡佬族的传统文化成为一种新的文化宝藏，正在被不断挖掘和整理，并力求科学开发，合理利用，使之成为遵义的第三张文化品牌。

其他地区的仡佬族民间保存着较遵义地区更为浓厚的传统民族文化，如居都的仡佬族语言，至今仍然是当地族人的第一母语，石阡的仡佬族毛龙2006年6月被国务院列为首批国家级非物质文化遗产保护项目，以及特有的“敬雀节”成为当地仡佬族的“天下第一节”，每年农历二月初一在尧上仡佬族文化村隆重举行。这些文化遗产和文化活动给我们传递了一个信号，散落各地的仡佬族文化碎片逐步受到世人的关注，其中不少片断渐渐被人们拾回。

石阡敬雀节

在民族平等、和谐发展的大环境下，仡佬族人民的民族认同感在逐渐增强，保护和传承民族传统文化的意识在逐步深化，并借鉴科学的理论作引导，在实践中不断探索，期待优秀的传统文化在新的时期重新绽放光彩。

第八章
仡佬族的重要人物

从古至今，仡佬族就作为中华民族的一员在祖国大地上与其他民族一道，创造了中华文明的历史，在其发展过程中，涌现出了许多英雄人物，他们是仡佬族的骄傲。

古代人物

潜祖

潜祖是仡佬族先民濮人的大头人之一，关于潜祖的传说很多。他出生在马桑窝，即今天遵义市老城纪念广场，据说这里最早立有潜祖庙，后人由于不认识仡佬文，把仡佬文中的“潜”字误认为“马”，改为了“马祖庙”，后来人们又认为“马”字不正确，改为了“妈祖庙”，人们把妈祖看作天后，又将其改为“天后宫”，天后宫于遵义老城改造之时被拆掉了，其中的一些文物至今保存在红花岗区文管所。

潜祖

关于潜祖的形象也说法不一，有的说他身材高大如山，有的说他十分矮小，有的说他眼大如碗，有的说他发长连天等等。据仡佬族古文献《九天大濮史录》记载，潜祖为巫卜头人，能知天下事，力大能降虎。古时候，濮人有众多的部落，分散各地，各部落有自己的头人，因此以九天训制，各部落齐聚一起推举一人为众部落之首，称为大头人。潜祖就是濮人的第八代大头人，他在结绳记事的基础上发明了数符，受记事画的启发创造了文字，并制造了工具、房、桶等器物，开始驯养狗、羊、马、鸡、鸭等，为民众做了许多好事。据说，他在做大头人之初，把自己关在山洞中冥想了三百九十五天，思和合、思民富、思良策。一天夜里他见九天天主从天而降，赐予他吉、祥、瑞三宝，潜祖以吉宝给部落众人以智慧和好运，激发大家努力上进，并求保平安。潜祖时代是濮人经济最发达、文明发展最辉煌的时代。据说潜祖活了一百四十六岁，一生发明创造无数，为民族发展立下了不可磨灭的功勋。

申祐

申祐像

申祐祠

申祐，字天锡，明朝思南府务川（今务川龙潭村人），祖辈以务农为生。申祐从小聪颖过人，勤奋好学，15岁时到云南参加乡试，考中举人，被录取到京师太学读书。正统九年（1444），19岁的申祐考中了进士，被封为四川道监察御史。在任期间，他刚正不阿，不畏权势，勇于弹劾，并且才思敏捷，学识渊博，深受人们的敬佩。他以击虎救父、冒死救师、以身救主的事迹被称为“三忠三烈”之士。

击虎救父是申祐童年时候的事迹。有一天，父亲被老虎叼走，申祐手持棍棒奋勇追击，面对狰狞的老虎毫不畏惧，并欲与老虎搏斗，老虎反受其惊吓，慌忙逃走，父亲这才得以脱险。在京师太学读书时，他的老师国子监祭酒李时勉有一次直言进谏，开罪了皇上，被带枷于太学门前示众，将要被斩首。朝中无人敢出面营救，在危机时刻，申祐毅然挺身而出，以太学生的身份，擂鼓喊冤，鼓动国子监的同学一起出面解救老师，并请求以身代师受死。皇上为其忠义所感动，特赦李时勉并官复原职。申祐不畏触犯“天威”的这一义勇之举，传遍了整个京师，为人景仰。

正统十四年（1449），北方蒙古瓦剌部族大举进攻，明军难阻，前线告急，朝廷一片慌乱，英宗受当时专权太监王振挟持，决定御驾亲征，申祐以御史身份随皇帝出征。在怀来县土木堡，英宗被瓦剌军包围，情况十分危急，申祐见状，从大局出发，毅然请旨，假扮成英宗诱敌，结果被瓦剌军俘获杀害，年仅24岁。嘉靖十年，巡按御史郭弘化，得知了申祐的这一壮举，便在思南府和务川县同时为他修建祠堂，以纪念这位年轻的英雄。

费道用

费道用，字阇如，号笔山，贵州省石阡县龙塘镇陀寨的仡佬族人，是明末一名贤宦。明朝天启四年（1624），费道用乡试中举，并于崇祯四年（1631）考中进士，授福建福清知县。费道用颖慧绝伦，到任仅三个月就学会了当地的语言，对人对物过目不忘。崇祯七年（1634），海盗猖獗，费道用将其全部剿灭。他为官清廉，公正严明，此外崇学奖士、建桥、捐俸筑堤、设义冢等善政，数不胜数，被当地百姓奉为“慈父母”。后来，由于遭当地土豪所诬陷，被弹劾而离任。当地百姓无不为之悲叹。据说，费道用离任之日，神也为之不平，海水三天不涨潮，狂风大作，将树木连根拔起。此后六年，费道用所到之处，当地百姓都赞颂他的清廉刚正，为他喊冤，当时的御史杨鄂将这些情况上奏崇祯皇帝，崇祯皇帝也为之动容，并下了御批：“费道用廉明风月，朕深嘉赖，着来京引见补用。”由此，费道用以廉名震天下，被调到兵部任主事，又转入吏部考功司郎中。

费道用还注重学问，善诗文，著有《碧桃轩集》。在民国年间出版的《中国人名大词典》中记载：“道用与杨德周等同补《闽南唐雅》，所录皆有唐一代之诗，搜集亟详。”费道用于清顺治八年（1651）被崇祀为福清名宦，康熙三年（1664）入石阡乡贤。”

周渔璜

周渔璜，名起渭，字桐野，号载公，贵阳骑龙人。其祖其父相继任为贵州省白纳长官司长官。骑龙为白纳长官司治所，距花仡佬（今花溪）40里，距贵阳80里。《郎潜纪闻》载，“渔璜早慧，年十四五作《灯花诗》，传诵一时”。康熙二十年（1681）考选为副贡，送国子监读书。六年后返省参加乡试，名列第一，为丁卯科解元。十三年后入京会试，中贡士，嗣经御试时务策，中殿试三甲，获同进士出身，进入翰林院学习，继而考中庶吉士，点为翰林。初为侍读学士，后擢詹事府詹事，官居三品。在京为官20年，人品才学颇受翰林院掌院学士推崇及康熙皇帝的青睐，曾先后奉命典试两浙、督学顺天、阅兵江淮以及主持禹陵、明陵的祭祀典礼。周渔璜博览群书，经纶满腹，康熙四十四年（1705），在负责两浙乡试时，力主正义，慧眼识珠，大胆选拔人才。方婺如出其门下，受其奖掖，成为有清一代于文坛影响很广的桐城学派“三方”之一（三方，指方苞、方婺如、方舟三人）。他奉召以日讲官起居注詹事兼翰林院学士身份充当纂修官，参与编纂《康熙字典》。

《桐埜诗集》书影

周渔璜从自己诗作中选出352首编为《桐埜诗集》。他的诗作清新淡雅、言畅典少、情景交融，无矫揉造作、晦涩艰深之嫌，为清代诗林创树了一支新葩。

周渔璜以一介小土司子弟，全凭自己的才华、高尚的情操，名震全国文坛、誉满江南，至今贵阳各族民间仍视其为传奇式人物。

知识链接 周渔璜初到京城时，于书肆浏览，见陈列之书都已看过，感慨无书可读。一书店老板听后，认为是吹牛。周渔璜回答道：不仅全读过，还全都能背诵。老板不信，与周打赌说：任选一本书如能背出，则将整个书店让给，若背不了，周渔璜离开北京。结果，周渔璜当众一字不漏地背出所选的书，店主只得履行诺言。周渔璜将所赢书店改建，捐作贵州会馆，供旅京的黔籍人士聚会。

近代人物

成世宣

成世宣，字师薛，号琨圃，亦号兰生，是贵州省石阡县下屯堡的仡佬族人，生于乾隆五十五年（1790）。在仕途道路上，成世宣算得上是一路顺风。嘉庆二十二年（1817）赴京参加会试，中进士。道光五年（1825）授浙江衢州知府，继任福州知府，旋调杭州知府。道光十年（1830）春敕兼杭州、嘉兴、湖州三道总督。这时，其父去世，成世宣回乡为父亲守孝。

守孝期满后，成世宣回朝复命，任宁夏知府，随后调兰州知府，兼属兰州道。道光十六年（1836）升江（苏）、安（徽）粮道，次年，又奉旨迁河南按察使司，旋代理布政司，在位两年多，平冤狱二百余起，多次受到皇帝的表扬。

鸦片战争爆发后，各地纷纷告急，又值江淮洪水泛滥，灾民纷纷汇集城中觅食，河南一带吁告求援尤为急迫，成世宣积极筹措粮饷，赈济灾民，诸多军务、政务纷至沓来，集于一身，终于力尽身颓，病情危殆，于道光二十二年（1842）忧劳而死，时年五十二岁。成世宣生前所作的诗文，大多已经散落丢失，据查，在《黔诗纪略后编》卷十六录有《题潘四梅梅花书屋图》一首，《石阡县志》中录有《将军岩》一首。

山满

清朝咸同年间，在平正乡出现了一位参加太平天国运动的英雄人物——山满。

山满十六岁时，父亲为了挣钱交“户捐”，便带着他和哥哥山刚到赤水河畔的茅台镇去做苦力，为官府背官盐。山满和山刚第一次走出大山来到大河边，更是第一次见到河中各式各样的船只，感到十分稀奇，便情不自禁操起仡佬语大声议论起来，这时，正值盐运司的官员来码头巡视，听见了这种不懂的土话，觉得很不顺耳，将他们视为不服“王化”的“野人”，于是把兄弟二人交给运盐工头，要对他们进行严加管教。山满心中备受屈辱，心里开始暗下

描写太平天国运动的绘画作品

决心习武自卫。他渐渐练就了一身好武艺，领着乡亲们抗交苛捐，打富济贫，为仡佬族人扬眉吐气。1862年，翼王石达开的部将张遇恩路过黔西北，他们倡导的“天下各族是一家，有田同耕、共享太平”让山满心向往之，于是和几个好友带领一支上千人的队伍参加了太平军，在石达开麾下掌管军中大旗，转战于黔西北和川西南，立下了许多战功。

随着太平军失败的命运，山满以及山姓的仡佬族人遭受了更为残酷的欺凌和杀戮，不得不改名换姓，隐匿于山野。

聂树楷

聂树楷，务川县人，清光绪初年游学贵阳，应府试获第一名，清光绪二十年（1894）中举人。次年春，他进京参加会试并参加了“公车上书”运动。民国初年，聂树楷曾任贵州兴义府知府，废府改县后，任县知事。他在任三年间，平反了许多冤狱，后来又调任毕节县知事。聂树楷也非常关注和维护地方治安，遇有土匪作乱，他毫不畏惧，亲率地方武装进剿，直至除恶务尽。后来，他又进入贵州省公署，任督军兼省长刘显世秘书，掌枢要处，前后在职十年。因利国便民等政绩，受四等“嘉禾章”表彰。

在文化事业方面，聂树楷也做出了许多成绩，他参加续修省志，撰写《民国贵州通志》选举、职官、武备、食货、艺文五个专志初稿，并为家乡务川征集《都濡备乘》手抄本若干卷，为兴义撰《兴义县志》八卷。

聂树楷侠肝义胆，同时也博学多才，同时也是一位诗人，他早期的作品由于动乱没有保持下来，现存有诗词集《聱园诗词》，是由民国时期创作的《聱园诗卷》二卷和《聱园词春》一卷合刊的，共存有诗词400余首，均是反映社会现实，对劳动人民生活状况的描写。

现代人物

成启宇

清光绪丙午年（1906），成启宇生于石阡县城南8公里的下屯一个富裕的家庭，他13岁便离家外出求学，1933年毕业于当时的北平师范大学外文系。然后先后就职于北平、四川、贵州、广西等地的多所中学和南宁博物馆。长期在外求学和工作的成启宇时时刻刻惦记着家乡的建设和发展，他决定要将所学到的知识全部奉献给家乡人民。

1940年春，他回到老家石阡县，一面求助于家里，一面联络和说服附近村寨的进步绅士，筹集办学资金，下屯创办了私立小学——“下屯行健小学”，于1941年春开始招生开课。为了让当地的贫困农民子弟能够上学读书，行健小学开办后9年中一直不收取学费，只收书本费，对于少数极度困难的学生，成启宇还自掏腰包，支持其书费甚至生活费。抗战胜利后，行健小学改为民办公助，但是由于时局不稳，物价飞涨，所拨经费缺口很大，仍然需要自筹大部分资金才能维持学校的正常运转。为了支付教职工的工资，成先生个人垫付，捐出214升食米。由于成启宇先生的多方努力，不久便将行健小学建成了当时全县第一流的完全小学。

1945年，成启宇先生受到县内知名人士的邀请和联名推荐，出任石阡中学校长，对当时混乱不堪的石阡中学进行整顿。成启宇上任后，便进行了大刀阔斧的改革，狠抓学生质量，整顿教学秩序，提高教学质量，加强师生纪律，尤其注重对学生进行正面的思想教育，并建立各种规章制度，并身体力行，使石阡中学教学秩序迅速好转。

1956年，成启宇先生奉命任贵州民族学院预科主任，1959年，刚刚恢复的贵州大学与民院合并，成先生于1960年调任贵州大学图书馆任馆长，“文革”中，年过花甲的成先生也受到了极不公正的待遇。拨乱反正后，成启宇先生重新将全部精力投入到图书馆的整顿重建工作中，一直工作到78岁高龄才退居二线。

贵州大学图书馆

成启宇先生将毕生的精力都投入了家乡教育事业中，他生活俭朴，布衣素食，却倾其家产，创办学校，扶贫济困，直到去世。成先生临终前，先后4次将他长期搜集、保存的档案、史料、文物和数千册重要书籍全部无偿捐赠给石阡县档案馆，还指导和督促县档案馆清理了清代著名学者赵尔巽任石阡知府时捐赠的《通字堂经解》和其他书籍。

寿生

《国闻周报》

寿生，本名申尚贤，1909年1月出生于贵州省务川县的一个普通家庭。他6岁进私塾，天资聪敏，16岁时到省城求学。1930年，他考入汇文高中就读，特别关注文学和社会科学。后来数次报考北大不中，便做了北大的旁听生。在此期间，他开始用寿生为笔名，撰写时论和小说，在《独立评论》和《国闻周报》上发表。同时，他还用心搜集、整理研究民间歌谣。作为一个追求进步的青年，寿生发表的时论大都直指时局要害，他关注国计民生，对时事和生活都有自己独立的思考和见解。

1937年，日本帝国主义开始全面侵华，寿生被迫回到家乡务川，他仍然大力宣传新思想、新文化，抗日救国。1940年务川中学开办，他被聘为国文教师。1942年11月，务川县临时参议会成立，寿生被推为参议员，他屡屡为生活在底层的穷苦人民申冤诉苦，揭露时弊，国民党县党部和县政府认为他思想有问题而加以监视。寿生审时度势，与妻子退隐乡村，一心从事写作。1947年，应贵阳清华中学之聘，重新回到教学岗位上。

新中国成立后，寿生长期从事行政领导工作，从1951年起到1988年，任科局长5年，副县长10年，县人大副主任7年，1989年退休。

寿生还常用务川仡佬族人特有的方言土语来创作自己的作品，在叙事的风格上体现一种原生态的写作方式，被认为是典型的乡土文学。作者依据自身的文化和人生感情，依托于黔北，依托于务川仡佬族文化，努力寻求自我特有的艺术思维境界，形成了一种独特的文本叙述形态，建构了一套独特的审美话语。这对仡佬族文化的发展，特别是对后来的仡佬族作家从事文学创作，利用文学来传承仡佬族的活态文化，提供了成功的范例。

樊慧卿

樊慧卿，又名樊广敏，字德成，道真县隆兴镇三坪村仡佬族人。生于清朝同治十三年（1874），家中有兄弟姐妹共9人，樊慧卿排行老四。因幼年家贫，不能读书，但他从小酷爱傩面具雕刻，并学唱傩戏。

光绪年间选丙午科附士，是年朝廷诏令废科举、兴学校。后慧卿历任兴义、遵义、绥阳三县审判官，任内清正廉明，刚直不阿，秉公办事，深受好评。在职期间，除勤于公务外，又拜师学医，为民治病，在多年实践中，尤善脉理，诊断准确，并有医著《活人良方》或曰《教子指南》一册，又著《时方歌括》一书（樊树仿收藏），是弥足珍贵的民族民间中草药的文化遗存。

民国初年，樊慧卿曾被推举出任贵州省议员及正安北路警备军第三路第二副统，民国六年（1917），川匪刘相臣带五百余人盘踞今道真丁氏坝（现洛龙镇）、三岔水（今河口乡凌霄）、文庙（今三桥杠村境）一带，大肆抢掠。各路告急于樊。樊念乡里邦族免遭涂炭，乃弃官归里，手造合县联合团，追剿盗匪，擒斩匪首叶茂山等数人，桑梓颇安。

邱石冥

邱石冥，原名树滋，字孺子，又名时鸣，别号石冥山人。1899年生于贵州省石阡县白沙集镇，是我国现代著名的仡佬族画家和美术教育家。

邱石冥4岁时便进私塾读书，14岁赴省城贵阳求学。1918年中学毕业后，因家庭经济困难，他放弃了继续深造的机会，在石阡县高等小学任教。1919年，“五四运动”爆发，石冥思想进步，遂即北上，听闻北平美专师范不收学费，于是在那里就读。石冥先生在美专直接得到姚茫父、齐白石、张大千、蔡元培等大师在国画艺术、美学等方面的教育和熏陶，从此铸就了他在美术事业上的辉煌道路。

邱石冥作品

1924年，美专毕业后，石冥先生与谌亚逵等六人创办京华美术专科学校，出任国画系主任、教务长、校长等职。1951年，调西安西北美术专科学校任教授。1958年，调呼和浩特任内蒙古师范学院艺术系国画教授。

石冥先生一生继传统、多创新、重规律、求变化、随时代。画艺“不落陈范”，“用笔气势自如，不为大法所拘，诚有超脱之处”。石冥先生多年执教，学生中有众多已成为卓有成就的画家和艺术家，可谓“桃李满天下”。他本人的作品曾在多种报刊中登载，还发表过数十篇美术论文和美术家传记，并撰有《中国美术史讲义》《勾勒讲义》等长篇论著。

王传贵

王传贵于1934年生于贵州省道真仡佬族苗族自治县玉溪镇马脑村。共和国诞生之初，16岁的王传贵投笔从戎，参加了中国人民解放军，1952年他参加了抗美援朝，回国后，他放下钢枪，到大连医学院附属医院进修，由于成绩优异，于1960年进入北京医学院就读。

王传贵走出了黔北的重重大山，来到首都北京深造，他一头

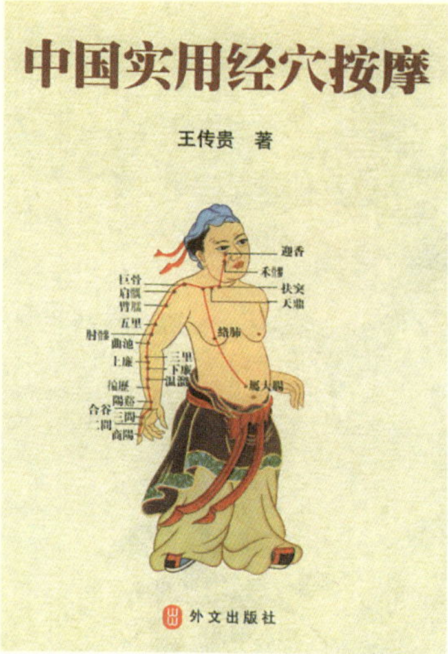

《中国实用经穴按摩》书影

钻入了医学的海洋，决心要在这个领域做出一番成绩。1990年，他出任主任医师，还担任中国中医研究院客座教授、中国中西医结合研究会北京分会理事兼骨伤科学会主任委员、中国人民解放军全军骨伤推拿学会副主任委员以及中华全国中医学会北京正骨按摩学会委员。

仡佬族人常说：“要走就不怕远，要干就不畏难。”王传贵身体力行，在长期的医疗实践中，志存高远攻克了一道道难关，成为全军有名的骨伤科专家，尤其擅长传统的经穴按摩疗法，且自成一家，还开办了“王传贵经穴推拿医馆”，奉献自己的学识和才华。同时，他在国家级刊物上多次发表论文，还出版了《中国实用经穴按摩》《中国家庭经穴按摩》《中国自我经穴按摩》《基层中医临诊必读大全》《经穴按摩十五法》等医学专著，其中一些作品还被译为英、德、法、西班牙、意大利等多国文字出版，有的已制成中、英文录像带发行。

王传贵先后八次立功受奖，多次被评为优秀共产党员。所获得的荣誉称号不胜枚举。他出神入化的医艺、高尚的医德和不平凡的业绩，在《人民日报》《光明日报》《解放军报》《贵州日报》《遵义日报》、中央人民广播电台、中央电视台等多家新闻单位有专题报道。

熊先觉

熊先觉，笔名高平，贵州省道真仡佬族苗族自治县三桥镇永锡人，当代中国著名法学家。

1924年，熊先觉出生于一个普通的农民家庭。幼年时读私塾，由于家境清贫，时读时辍。抗日战争时期，浙江大学迁到贵州遵义，熊先觉考入了浙大附中。高中毕业后考入北平朝阳大学，研习法律。向往民主，憧憬法治，参加爱国学生运动，被拘于北平高等特种刑事法庭草岚子监狱。1949年1月，北平和平解放时出狱，即加入中国共产党，并参与接管朝阳大学和成立中国政法大学，主编校刊《政法大学》。1950年2月，中国政法大学与华北大学、华北人民革命大学合并成立中国人民大学时，他调任中央人民政府司法部部长业务秘书，直接参与法制建设。

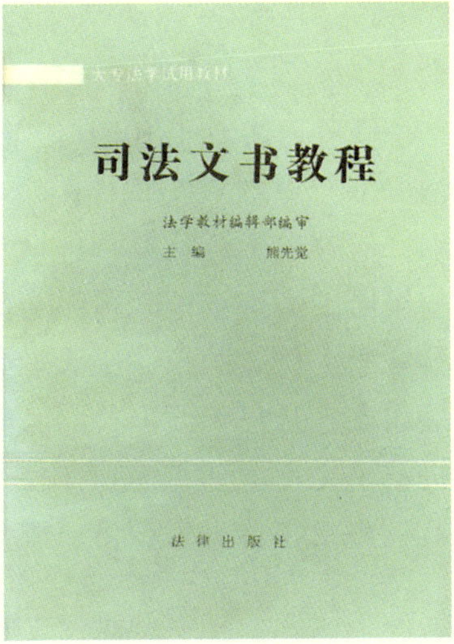

《司法文书教程》书影

1979年恢复司法部，他奉调回京，为本部机关干部以及中央政法干校、中国人民公安大学、北京大学等高校讲授司法课程。1983年，参与筹建中国政法大学，提出“新型学府新风尚，学阀政客要思量，不搞权术搞学术，休把文场当官场”的办学主张。他负责组织行政法师资队伍，在研究生院开办全国唯一的行政法学研究生班，为全国高校培养了行政法学的教学与科研骨干，推动了我国行政法学的开展。此后，潜心教学和学术研究。

20余年来，熊先觉先生以司法现代化建设为研究方向，成果迭出，参与编辑出版各类法学著作近60部，发表法学论文100余篇。尤其在司法制度、司法文书、行政诉讼、组织法学以及法学教育史等方面建树颇丰，填补法学学科空白，创建了两门新兴学科。在司法制度方面，早在1985年即率先推出我国首部司法制度教材《人民司法制度概论》；此后又出版《中国司法制度》《中国司法制度新论》《司法制度与司法改革》等专著，率先提出司法制度学科的基本概念、基本理论和基本体系，再三强调并推动司法改革。在司法文书方面，为规范我国司法文书格式，负责研制《诉讼文书格式》全套计8类64种，于1980年6月由司法部颁发全国司法机关试行。接着推出全国首部《司法文书概论》专著，并受聘主编了全国高等学校法学统编教材《司法文书教程》及其配套教材。近年来又在《司法文书研究》专著的基础上创立了这门新兴学科司法文书学，并于2006年3月由中国法制出版社出版了全国高校通用教材《中国司法文书学》。

杨胜万

杨胜万将军于1944年出生于贵州省务川仡佬族苗族自治县涪洋场郊三里的一个仡佬山寨。他自幼好学，9岁时和哥哥离家读书，但家境十分贫寒，他从小勤工俭学，贴补生活，逆境中成长的经历，磨炼了他吃苦耐劳的品格。由于他勤奋刻苦，成为务川县涪洋山村里的第一个大学生。随后被分配到广州空军部队。他最初在连队任无线电技师，继后在团机关、广空机关、军委空军机关、空军指挥学院工作。1988年恢复军衔后，被授予大校军衔，1992年晋升为少将，成为仡佬族迄今为止唯一的将军。

赵银周

赵银周是贵州省黔西县人，在当地仡佬族雅伊支系中是颇受敬重的“博帔”（即掌坛的祭师）。

赵银周出生在贫苦的农民家庭，有少量自耕地，新中国成立前主要靠佃耕别人的田地和给富裕人家帮月活或打零工为生。他不识字，但天资聪颖，记忆过人，直到耄耋之年，除听力稍弱之外，仍目光炯炯，思维清晰，声音洪亮，能够演唱长达数千行的古歌《叙根由》。他对仡佬语和汉语都很精通，对古歌的内容也烂熟于心，并有精到的理解。

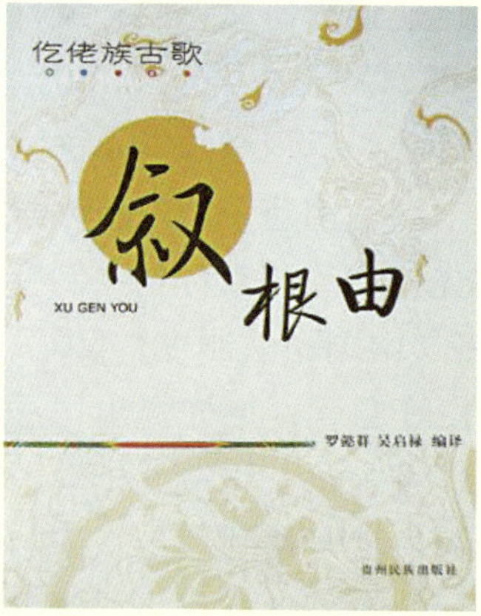

仡佬族古歌《叙根由》书影

仡佬族雅伊支系的同胞，散居于纳雍、大方、织金、黔西四县，主要有高、刘、张、杨、赵等姓氏，古歌《叙根由》便是在这一部分人群中流传。后来许多地方的仡佬族雅伊人中，虽还有自己的祭师，但已没有听说还能演唱《叙根由》的了。

“文革”时期古歌被禁止演唱，10多年中失去演唱实践，赵银周仍然能够完整、清晰地保存下来，是颇为难得的。“文革”后，采用本民族传统祭祀的人家也不多，但老人家对古歌的执着之情，仍不减当年，虽不曾公开演唱，却从不间断地默念默记而熟稔于心。他每当进食，无论早、中、晚，若有好酒菜且条件方便的情况下，他都要在座位旁摆放一套餐具（碗、筷、酒杯），甚至点上香，祭祀天仙老祖。而一般情况下，他也要将自己手中的碗筷向上举一举，将杯碗中的酒奠上几滴，以示对天神和祖宗的祭奠。据说，这样的举措，他数十年从未间断，即使在“文革”时期，他也会在人们不注意的情况下，巧妙地施行。每作此举，他心目中的天神、祖先和古歌的内容，就会像“过电影”一样，从他的脑际漫过一次，印象不断加深。赵银周老人长年累月的这种积习，若拂去其信仰的虔诚之外，更应看到他是对古辈流传下来的民族传统文化执着、深厚的热爱。

赵银周老人已远离我们而去，但他传承保存古歌《叙根由》，在对仡佬族的传统文化的保护上功不可没。

文国朝

文国朝，生于清光绪二十八年（1902），贵州省务川仡佬族苗族自治县都濡镇鹿坪村人。他自幼喜欢唱歌，上山唱、下山唱，插秧唱、薅草唱、放牛唱，劳动唱、休息唱，逢年过节唱，平时与人交往时也尽情地唱，唱到天黑、唱到天亮，唱得高兴时手舞足蹈，乐趣横生。

文国朝会唱的各类民歌有成百上千首，经他改编后而在民间传唱的有：《好看还是映山红》《荷包歌》《人轻礼重》《吹闹号》《放牛调》《高山画眉叫得乖》《郎在墙上打石榴》《二郎号》《太阳不晒花不红》《五更转》《上山虎儿》《出台腔》《打闹号》《梦见情哥来看我》《十八扯》《后园阳雀叫三声》《望乡台》等。他能即兴编歌，出口成歌，看到什么唱什么，听到什么编什么。

文国朝演唱的山歌曲调保持了仡佬族的原生态唱法。歌词与旋律的组合十分恰当，他还能在某些歌曲的即兴演唱中采用一些难度转调或离调的唱法，因而得到了仡佬族同胞的喜爱和尊重。他很有权威性，被当地群众称为“歌王”。他的很多徒弟，现在仍活跃在农村广阔天地的大舞台上，传承着他的民间音乐艺术。

1958年，文国朝参加了贵州省文艺调演，他演唱的仡佬族山歌获得二等奖。1960年，务川成立艺术学校，他被聘为学校的教师。在校期间，他编导的《大闹花灯》歌舞，参加贵州省花灯调演，荣获了优秀奖。1979年9月，他参加了贵州省民族民间音乐调演，受到专家的欢迎与赞扬，现场上很多领导和观众被他的精神感动得热泪盈眶。1987年，这位85岁高龄的老人因不慎摔倒而病逝。

文国朝的许多歌曲被《中国民间音乐集成》《贵州省民间音乐集成》采编入书。为了研究发掘文国朝的民族民间演唱歌曲，有许多音乐艺术家对他的演唱风格、歌曲旋律很感兴趣，以他的歌曲为素材，加以提炼，创作出了很多具有时代气息的优秀作品。

参考文献 

陈历文. 石阡仡佬族. 贵阳: 贵州人民出版社, 2005

陈天俊. 仡佬族文化研究. 贵阳: 贵州人民出版社, 1999

道真仡佬族苗族自治县概况. 贵阳: 贵州民族出版社, 1987

道真仡佬族苗族自治县志. 贵阳: 贵州人民出版社, 1992

苟朝忠, 张德枢, 吴道兴. 清镇仡佬族. 贵阳: 贵州民族出版社, 2004

贵州省民族研究所、贵州省民族事务委员会. 贵州六山六水民族调查资料选编——仡佬族、屯堡人卷. 贵阳: 贵州民族出版社, 2008

国家民委民族问题五种丛书，中国少数民族简史丛书. 仡佬族简史. 北京: 民族出版社, 2008

国家民委民族问题五种丛书编辑委员会《中国少数民族》编写组. 中国少数民族. 北京: 人民出版社, 1981

何关渝, 何昕. 贵州衣食住行的变迁. 贵阳: 贵州人民出版社, 2008

李德龙. 黔南苗蛮图说. 北京: 中央民族大学出版社, 2008

李泽丰, 刘如仲. 清代民族图志. 西宁: 青海人民出版社, 1997

申茂平等. 贵州非物质文化遗产研究. 北京: 知识产权出版社, 2009

史宏拯. 黔西布依族仡佬族满族百年. 贵阳: 贵州人民出版社, 2006

吴秋林, 靖晓莉. 居都. 一个仡佬族文化社区的叙述. 贵阳: 贵州人民出版社, 1997

务川仡佬族苗族自治县概况. 贵阳: 民族出版社, 2007

务川仡佬族苗族自治县民族事务局. 务川仡佬族. 贵阳: 贵州民族出版社, 2006

务川仡佬族苗族自治县志. 贵阳: 贵州人民出版社, 2001

谢爱临. 仡佬族百年实录. 北京: 中国文史出版社, 2008

熊大宽. 仡佬族歌谣选. 贵阳: 贵州民族出版社, 2004

熊大宽. 仡佬族文化百科全书. 贵阳: 贵州民族出版社, 2002

杨昌儒, 陈玉平. 贵州世居民族节日民俗研究. 北京: 民族出版社, 2009

云南大学图书馆. 清代滇黔民族图谱. 昆明: 云南美术出版社, 2005

张济民. 仡佬语研究. 贵阳: 贵州民族出版社, 1993

张晓辉、李天元. 仡佬族——贵州大方县红丰村调查. 昆明: 云南大学出版社, 2004

郑继强. 仡佬族与夜郎文化研究. 贵阳: 贵州民族出版社, 2007

周国炎. 仡佬族母语生态研究. 北京: 民族出版社, 2004

图片提供者

（按姓氏笔画为序）

山河水
第 10 页
第 15 页
第 24 页（上）
百度百科
第 11 页
第 31 页
第 32 页
草原黑石
第 12 页
第 28 页（上）
书虫
第 13 页
第 18 页
第 28 页（下）
第 29 页
第 34 页
第 37 页
第 41 页（下）
第 53 页（下）
第 96 页（下）
第 125 页
第 126 页
第 143 页
第 144 页
第 147 页（下）
第 149 页
第 150 页
第 151 页
第 152 页
周小艺
第 16 页
第 19 页
第 20 页
第 23 页
第 33 页
第 39 页
第 40 页
第 41 页（上）
第 44 页
第 45 页
第 46 页
第 47 页
第 48 页
第 49 页
第 50 页
第 51 页
第 55 页
第 56 页
第 57 页
第 58 页（下）
第 59 页
第 60 页
第 61 页
第 64 页（上）
第 79 页（下）
第 80 页
第 110 页
第 120 页
第 128 页
第 129 页
第 130 页
第 132 页
第 133 页（上）
第 134 页
第 135 页
第 136 页
第 140 页
仡佬人
第 17 页
第 38 页
第 64 页（下）
第 72 页
第 86 页
光明日报
第 19 页
中华网
第 24 页（下）
第 141 页
第 147 页（上）
品图旅游
第 30 页
第 42 页
华夏综艺网
第 53 页（上）
ruchan888
第 58 页（上）
妙常空空
第 67 页
冉文玉
第 71 页
第 73 页
第 74 页
第 75 页
第 82 页
第 85 页
第 100 页
第 101 页
第 102 页
第 103 页
第 105 页
第 107 页
未来
第 78 页
第 79 页（上）
第 83 页（下）
第 84 页（下）
无风起浪
第 81 页
冯赣勇
第 83 页（上）
第 84 页（上）
务川在线
第 89 页
遵义文明网
第 92 页
施小亮
第 95 页
波光粼粼
第 96 页（上）
夏志明
第 111 页
指尖舞
第 112 页
中国网
第 114 页
第 115 页
第 116 页
第 137 页
陈娟
第 133 页（下）

后记

民族文化是中华传统文化中独特而珍贵的宝藏，《走近中国少数民族丛书》由国家民族事务委员会文化宣传司和辽宁民族出版社共同策划、精心打造，旨在宣传我国少数民族的历史文化、民族政策和方针，让读者更多地了解我们这个民族大家庭，了解博大精深、源远流长的民族历史和丰富多彩的民族文化。感谢辽宁民族出版社编辑、师妹李璜的推荐，我有幸参与这套丛书的编写。

作为仡佬族的一员，能够为本民族文化的发扬和传承尽一份心力是我的心愿，也是极大的荣幸。在研究生的学习阶段，我曾多次走访仡佬族聚居区，主要有道真仡佬族苗族自治县多个乡镇、务川仡佬族自治县的大坪镇龙潭村、被称为“中华仡佬第一乡”的遵义县平正仡佬族乡以及六枝、安顺等地区，开展了深入的社会实践和田野调查，得到了当地学者及相关领导的大力支持，不仅收集了大量的资料，也增强了自己对家乡、对民族的热爱。我曾参与编写了黄河出版集团策划的《中华民族全书》“仡佬族”一卷，在编写过程中产生了许多思考，最终博士论文确定题目为《兴盛、衰落与重建——黔北仡佬族历史演变的研究》，为进一步学习和研究仡佬族历史和文化打下了坚实的基础。

这本《走近中国少数民族丛书·仡佬族》在总结和吸收前人研究成果的基础上，结合自己所做的调查和访问，在材料的选择上尽量做到具有典型性、生动性和代表性，力求给大家呈现精美而真实的仡佬族文化景观。

本书主要参考了《仡佬族百年实录》《仡佬族简史》《仡佬族文化研究》《仡佬族与夜郎文化研究》等著作。由于工作繁忙，水平有限，编写难度超过了自己的想象，在此十分感谢李璜师妹的大力帮助，书中存在的不足和不正之处，敬请广大读者批评指正。

周小艺

2014年12月